U0809792

中国旅游经济蓝皮书
Blue Book of China's Tourism Economy

2019年中国旅游经济运行分析与2020年发展预测

CHINA'S TOURISM PERFORMANCE:
REVIEW & FORECAST (2019~2020)

中国旅游研究院

中国旅游出版社

《中国旅游经济蓝皮书No.12》编委会

主　　任　戴　斌

副 主 任　李仲广　唐晓云

编　　委　（按姓名音序排列）

戴　斌　何琼峰　李仲广　马仪亮　宋子千

唐晓云　吴丰林　吴　普　杨宏浩　杨劲松

《中国旅游经济蓝皮书No.12》编著部

主　　编　戴　斌

执行主编　何琼峰

编 著 组　（按姓名音序排列）

陈　楠　戴　斌　戴慧慧　郭　娜　何琼峰　黄　璜

李慧芸　李隆辉　李　雪　刘祥艳　马仪亮　宋子千

唐晓云　吴丰林　熊　娜　杨宏浩　杨劲松　杨丽琼

余　超　战冬梅　张佳仪　张　杨　张佑印　赵　静

赵　越

综合保障组　（按姓名音序排列）

郭　宁　贾媛媛　蒋艳霞　李仲广　梁秋萍　刘　鑫

龙旭梅　亓春元　夏少颜　赵小晴

前　言

2020年重大疫情对国民经济的各行各业都产生了重大影响，高度市场化的旅游业是减收最大的行业之一。大家都很关心旅游经济到底受多大的影响，最好能够有确切的统计数据。由于疫情还没有结束，现在还无法做出旅游市场减收和行业亏损的确切统计。当然，我们可以做一些带有研究性质的测算，但是不可以把停止有组织的旅游活动和关闭旅游景区，简单等同于旅游经济活动的全面停滞。我注意到有非学术媒体平台陆续发表了一些关于旅游业减收和损失的说法，如"春节期间旅游业直接损失5000亿元""旅游业每天损失200亿元""旅游业全年损失3万亿元""某某行业全面清零"等，从旅游统计和影响研究的专业角度看，这些说法都是不严谨，也经不住推敲的。希望学术期刊、报纸、广播电视和互联网媒体，以及向有关部门和领导同志报送的研究报告，不要随意使用这些数据，以免误导产业研判和宏观决策。统计、测算和评估需要专业团队、基础数据、科学方法和计量模型，既不能视而不见疫情对旅游经济造成的影响，也不能夸大损失甚至以带节奏的标题引起市场恐慌。以春节七天假期为例，有组织的团队和探亲访友之外的旅游活动大幅度减少直至全面停止，但是节前到达目的地的团队旅游者、自助旅游者和探亲访友的游客，及其餐饮、住宿、购物、通信等基本消费还是存在的。从统计数据上看，除夕至年初六，旅游市场尽管同比减了四成有余，但是还有近2.5亿人次游客、2800亿元收入的市场存量。

一、蔓延性恐慌正在散去，旅游业信心开始积聚

支撑旅游经济运行的市场基本面没有改变，国内旅游消费存在筑底反弹的很大可能性。中国旅游研究院（文化和旅游部数据中心）面向城乡居民的专项调研表明：多数受访者判断疫情"可能还会进一步扩大，但总体可控"；71.5%的受访者表示疫情结束后稳定一段时间会外出旅游，20.7%表示疫情过去后尽快外出旅游。越来越多的人相信：疫情终将过去，取消的旅行计划，会在更美

时成行。江西、湖南、广东、河南、广西、福建、安徽、内蒙古、北京、山西、河北等省市的受访者疫后出游意愿更为迫切，多数受访者的出行主要受时间因素制约。

引导旅游经济发展的产业基本面没有消失，自我修复和研发创新的动能正在集聚。中国旅游研究院面向旅游供给侧的专项调研表明：受访企业家和经理人员对全年旅游业的总体预期从半个月前的悲观为主，开始转向相对悲观和相对乐观。受访者中的54%认为风险可控能渡过难关，24%认为风险因企业能力而异，21%则认为风险加大、倒闭企业增多。半数受访者判断疫情将拉低全年旅游经济总量10个百分点，但是旅游业仍将继续领跑宏观经济。业界对国内市场信心更足，26%认为疫后会迅速恢复，66%认为会延迟1~3个月恢复。70%表示疫情结束后即全力开展市场促销，全面恢复生产经营。事实上，随着发改、财政、金融、商务、文化和旅游等宏观政策和地方政府具体政策效应的显现，旅游企业开始从初期的极度悲观和看不到未来的恐惧中缓过劲来，信心得以重新积聚，并开展形式多样的自救和互助行动。从近期业界舆情上看，越来越多的旅游集团、中小型企业和创业公司不再一味焦虑，把希望都寄托在政府出手救助，而是本着“企业自救、行业互助、政府托底”的理念，承担共同而有区别的责任。

基于对政策面、需求侧和供给侧的综合研判，中国旅游研究院并不认为2020年旅游经济过于悲观，基准预期继续偏于相对乐观。我们假定了3月底或4月中旬、5月底至6月中旬、7月底至8月中旬打赢防控新冠肺炎阻击战三个时间节点，世界卫生组织分别于3个月后解除PHEIC，通过仿真测算和专业评估，形成了全年旅游经济运行的乐观、基准和悲观三个判断。其中，基准研判结果表明：受新冠肺炎疫情影响，2020年第一季度及全年，国内旅游人次分别负增长56%和15.5%，全年同比减少9.32亿人次；国内旅游收入分别负增长69%和20.6%，全年减收1.18万亿元；第一季度和全年的入境旅游人次负增长51.7%和34.7%，国际旅游收入负增长59.8%和40.6%，全年分别较上年减少5032万人次和534亿美元；第一季度和全年的出境旅游人次分别负增长42.6%和17.6%，全年较上年减少2763万人次。当然，我们希望出现乐观的情境，疫情对旅游市场的影响主要局限在第一季度，上述指标及相关数据自然会得到相应的调升。

二、政策托底效应显现，旅游市场主体展开行业互助和企业自救

中央政府和发改、工信、商务、财政、金融等部门已经陆续出台，并还将继续出台一系列稳就业、稳市场、稳预期的政策。国务院常务会本周推出的阶段性减免企业社保费、实施企业缓缴住房公积金政策，让市场主体有了满满的获得感。各级地方政府也从税收减免、奖励补贴、债务展期、扩大投资、复工复产等方面，加强了对受影响较大的行业支持力度。中央和地方政府的政策，应当也是可以惠及旅游企业的。文化和旅游系统的官方网站和“两微一端”汇总发布了不少这方面的信息，企业可以及时查询。旅行社、OTA、酒店、民宿、景区、主题公园，要讲作为旅游企业的特殊性，更要讲作为企业的共性，用足中央和地方扶持企业尤其是中小企业的普惠性政策。旅游行政主管部门暂返 80% 旅行社质量保证金的政策已经落实，正在通过疫情联防联控机制，就如何保证旅游企业的现金流等主要诉求，加强与民航、工信、发改、财政、金融、商务等部门的协调，认真研究并将适时发布具有行业特点的产业政策和行政举措。疫情发生后的第一时间，文化和旅游部成立了由主要负责同志牵头的工作专班，多次研究部署防控疫情、托底旅游企业和导游等一线员工的政策，及时高效地推进部委间的政策协调，对地方旅游行政主管部门和行业协会的专业指导也在持续进行中。

现在还是处于防控疫情阻击战的关键时期，从国家层面看，全面放开有组织的旅游活动、全面开放城乡旅游空间的条件尚不具备，时机还不成熟。我注意到一些县区级、地市级和个别省级行政区域，在疫情研判的基础上，对符合标准、程序、组织、管控等前置条件的星级和非星级大型旅游度假酒店、旅馆和民宿等旅游住宿业、A 级旅游景区和非 A 级大型旅游景区，经审批或备案得以复工复业。随着工业部门的有序复工，也必然会产生交通、物流、住宿、外卖餐饮等生产和生活服务的保障需求。在确保游客、员工生命安全和身体健康的前提下，本着“一地一策、一企一策”的差异化原则，审慎稳妥地推进旅游机构的复工复业，是可以探索实践的。上级文化和旅游行政主管部门对此要给予专业指导，地方主管部门也需要及时报备辖区内旅游企业的复工复业情况。近日，“黔灵山公园千只野生猕猴的战疫生活”“昆明海埂大坝再现万鸥扑食”等小视频得到了网友的广泛关注，并纷纷表示疫情结束后要去实地打卡。为此，各地旅游部门和相关企业也在积极策划，适时推动线上旅游推广，实现线上种

草和线下打卡的有效转化。

在协会、商会的倡议和旅游集团的推动下，上下游企业和合作伙伴也在展开行业互助行动。锦江国际筹措了35亿元资金，支持旗下7500家酒店渡难关。其中，不超过4.5%利率的流动性支持贷款和物资采购贷款、减免加盟费和管理费，都是很实在的措施。中国旅游集团开通“线上巴士商城”和免税商品在线预订等新业务，三亚免税城1月27日到2月13日在线累计实现销售同比增长92%。岭南集团在保障游客无损退改外，正通过岭南酒店和广之旅易起行平台，推出外带安心居家美味服务，让老百姓能够不出家门享受名厨定制美味。携程启动了1亿元重大灾害保障金，与供应商和合作伙伴分担无损退订的损失。东方、春秋、吉祥、华夏、重庆、四川等航空公司抓住各地有序复工复产的交通需求，主动推出灵活价格的包机服务。还有很多旅游企业承诺疫后向医务工作者提供优惠服务，较好践行了旅游企业的社会责任。也有一些小型旅行商和导游转行去卖货了，作为自救图存的努力，不是不可以，但是更希望大家是基于旅游企业的优势，多为游客和居民提供相关多元化的服务项目，如鄂旅投集团的餐饮外卖项目。至于彻底跨界转到主播、带货、直销那些领域，先不说是否越出了企业法定的经营范围，也要考虑等市场恢复以后，原有的“人设”是否还能找回来。

三、释放需求，培育动能，全面推动旅游业高质量发展

文化和旅游系统、旅游战线要贯彻中央经济工作会议精神，坚持推进旅游业高质量发展。游客满意度高不高？旅游企业效益好不好？旅游产业发展后劲足不足？无论有没有这次疫情，这三个与旅游业高质量发展密切相关的现实问题都是旅游系统和旅游战线的同志们必须回答，也一定要回答好的。如果游客不满意，企业无效益，产业无后劲，就是没有这次疫情，随便一个风吹草动，旅游业还会沦陷的。反之，广大游客满意了，愿意跟着我们走，员工有获得感，愿意跟着我们干，加上全面建成小康社会以后的经济社会环境的支撑，旅游业就不会有走不过去的坎。旅游业的高质量发展要求我们不能再走传统资源驱动的发展模式，要积极培育科技、教育、人才等新动能，向研发和创新要效益。

文化和旅游系统、旅游行业要贯彻习近平总书记关于文化和旅游工作的重要指示精神，坚持推进文化和旅游融合发展。在过去两年工作的基础上，进一

步加强当代文化和旅游发展理论建设，研究市场变化趋势和消费演进规律，依托旅游集团、上市公司、专业机构和创业团队等市场主体，切实推进文化和旅游工作的真融合、深融合和广融合。为实现这一目标，我们需要承认消费主体对文旅融合还没有充分的获得感和满意度，需要承认市场主体对文旅融合还缺乏足够的认同度和凝聚力，需要承认行政主体对文化资源和旅游市场研究得还不够系统、不够深入。今天的旅游业，社交属性更加明显，以人的连接而非传统的旅行社渠道和 OTA 平台，去传递旅游线路、体验项目和精准服务，正在成为趋势。随着产业集中度的提高，大型旅游企业会有专门的产品研发团队，并推动实验室经济的兴起。经验丰富的员工自身就是鲜活的分发渠道，他们会连接目标客户群体，承担起原来线下门店和线上平台的销售、咨询与售后功能。对这些趋势和规律的把握，特别是在产品体验和服务界面上实现文化和旅游融合发展，不能只靠系统内层层开会部署和关起门来搞培训，而是要依靠充满生机和活力的市场主体，让企业和企业家去试去闯。

文化和旅游系统、旅游行业要贯彻以人民为中心的发展理念，坚持推动国内旅游、入境旅游、出境旅游三大市场协调发展。没有旅游需求潜力的持续释放和旅游市场规模的扩容，“旅游 +”也好，“+ 旅游”也罢，都会成为无源之水，无本之木。三大市场中，基础是国内旅游，机遇是市场在下沉、消费在升级、频率在加快。如果出现 3 月底 4 月初疫情得到全面控制的乐观情境，我们就不宜下调年初制订的引导性指标尤其是国内旅游市场指标。相反，为确保旅游经济发展的既定目标和任务，还要调高 2 个点以上的国内旅游市场的发展预期。为此，要加强旅游基础设施和公共服务建设，释放避暑旅游、冰雪旅游、夜间旅游、亲子旅游、美食旅游、研学旅游、自驾旅游等新型消费需求。与此同时，发展入境旅游的决心绝不可以有丝毫的动摇，以重组国家旅游推广组织为抓手，以签证便利化为突破口，推动国家旅游形象从传统走向现代。出境旅游的工作重点要进一步聚焦，抓好旅游安全、文明旅游和国际合作等重点工作。防控疫情是阶段性的工作，全年目标和任务的完成还是回到年初召开的全国文化和旅游厅局长会议的工作部署上来，对此必须要有清醒的认识。

文化和旅游系统、旅游行业要贯彻中共十九届四中全会精神，坚持完善旅游业治理体系，提升治理能力。旅游业治理主要包括旅游市场促进、旅游行业监管，以及旅游经济运行监测和宏观调控。做促进不能只满足于开大会、做报告、发文件、颁牌子，强监管也不能只局限于明察暗访、降星摘牌的运动式执法。长期以来，用条条框框去为市场主体画底线、画红线方面，我们很擅长。但是如何用发展的眼光、创新的思维、市场化的手段去满足国民大众的旅游权利，引导市场主体做大做强做优，以及危机事件管理、旅游经济监测与调控的政策储备等方面，文化和旅游系统还有很多工作要做。如果行业指导单位对外无法协调国际间关系，也不知道如何传递积极形象，对内不知道如何精准施策帮助企业，也无法提供前沿又接地气的培训内容，就算有权力也刷不出存在感的。从这次疫情应对来看，旅游领域的公共治理能力，尤其是预警、干预、协调、指导和反馈的工具储备和运用水平，确实需要下大力气提升了。要探索新时期的综合执法机制，通过创新包容式监管和容错性促进的制度，切实完善治理体系，提升治理能力，是文化和旅游系统疫后振兴和旅游发展的重要任务。

本书是中国旅游研究院（文化和旅游部数据中心）“中国旅游经济蓝皮书”系列年度报告的第十二部。全书凝结了全院的集体智慧，由戴斌负责总体学术指导和最终审定，唐晓云负责总体统筹，何琼峰、李慧芸负责具体组织及审校。各章执笔人员如下：第一章戴斌、何琼峰、李慧芸；第二章陈楠、赵越、戴慧慧、杨劲松、刘祥艳；第三章熊娜、李隆辉；第四章杨宏浩、战冬梅、张杨、赵一静；第五章黄璜、郭娜、李雪、吴丰林、张佑印；第六章张佳仪、何琼峰；第七章杨丽琼、余超；第八章刘祥艳。

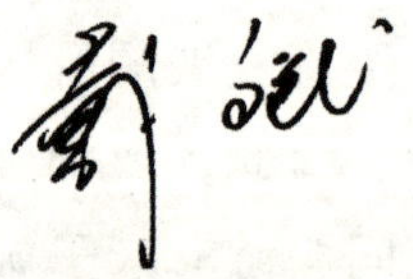

中国旅游研究院院长、

文化和旅游部数据中心主任、

教授、博士生导师

2020 年 2 月 20 日

CONTENTS

目 录

第一章

旅游经济总体运行状况与发展预测

2019 年，旅游经济继续保持高于 GDP 增速的较快增长。文旅融合、全域旅游进程加快，旅游服务质量稳步提升，区域旅游均衡化趋势进一步显现，旅游在外交和港澳台事务中的作用更加突出。2020 年春节以来新冠肺炎疫情给旅游经济带来严重冲击，由于支撑旅游业发展的中国经济基本面不会改变，持续增长的大众旅游基本面没有改变，2020 年旅游经济总体不至于太悲观。全年要贯彻落实党的十九届四中全会、中央经济工作会议、国家文化公园建设精神，按照中央确定的旅游业高质量发展总体要求，围绕旅游业疫情应对和疫后重建重点工作，集中抓好国内和入境旅游消费潜力的恢复和释放，重点关注市场下沉和消费升级的新空间。继续加强文旅融合、全域旅游、科技创新、市场主体培育、国际旅游交流、港澳台旅游事务等重点工作。进一步发挥旅游产业对稳就业和促消费的压舱石和稳定器作用，推动旅游治理体系和治理能力现代化。

一、2019 年旅游经济总体平稳、稳中有进

2019 年，全国旅游系统认真学习贯彻习近平新时代中国特色社会主义思想和党的十九大精神，以中华人民共和国 70 周年等重大活动为契机，按照“宜融则融、能融尽融”的总体要求，坚定不移推进供给侧结构性改革，旅游经济稳就业和促消费的压舱石和稳定器作用更为突出。在国内外经济下行压力较大的宏观环境下，2019 年旅游经济运行指数（CTA-TEP）为 116.44，处于“相对景气”运行区间，同比上升 2.05 个点。

文旅融合效应持续显化。2019 年是文化和旅游融合深化发展之年，年初政府工作报告提出发展全域旅游、壮大旅游产业，随着《进一步激发文化和旅游消费潜力的意见》等文件陆续出台，文化和旅游融合发展环境持续优化。各地文旅融合的新举措不断涌现，北京在全国率先推“文旅融合 26 条”，上海从产

业融合、空间融合、服务融合、交流融合落实文化和旅游融合发展，陕西正在将一批非遗项目等打造成有“国际范儿”的旅游产品。中国旅游研究院专项调查数据显示，外地旅游中参加和体验了文化活动的游客占比超过八成，去博物馆等文化场所打卡，已经成为很多人的一种生活方式。

旅游消费潜力进一步释放。在创建全域旅游示范区、降低国有重点景区门票价格、国家文化公园试点、部署推进“厕所革命”等一系列重点工作的扎实推进中，文化和旅游消费潜力进一步有效释放。前三季度，国内旅游人数和收入分别同比增长 8.9% 和 13%。其中，第二季度人均每次花费增长 8.6%，创近三年最高，第三季度农村居民出游总花费同比增长 22.3%，消费能力提升明显。假日旅游消费成新民俗，旅游过程中的文化参与大幅增长，红色旅游实现较快发展。2019 年“五一”假期首次调休 4 天，回应了人民群众对假期的期盼，文化和旅游市场繁荣超预期。

入境旅游的市场基础更为稳固，出境旅游稳步增长。主场外交和旅游年成为国家旅游合作交流新亮点，以“中国梦”为代表的经济社会成就和对美好生活的向往正在成为入境旅游发展新动能，中国在全球旅游业竞争力中排名第 13，比上年提升 2 名。2019 年前 10 个月，在入境旅游奖励专项资金、境外游客购物离境退税、144 小时过境免签等一系列政策推动下，入境旅游人数和国际旅游收入比上年同期分别增长 4.0% 和 4.1%，其中，入境过夜和外国人入境旅游人数分别增长 5.6% 和 6.0%，俄罗斯、马来西亚、泰国、韩国、越南、新加坡等国家的入境旅游增长较快。2019 年前 10 个月，受国际和地区形势影响，出境旅游人数同比增长 6.3%，增幅有所回落。

游客满意度和群众获得感稳步提升。2019 年，文化和旅游部部署开展了文化和旅游市场整治行动、A 级旅游景区整改提质行动，《关于实施旅游服务质量提升计划的指导意见》和各地提升方案相继出台，为旅游体验提供了良好的政策保障。数据显示，2019 年全国旅游服务质量综合评价指数稳步跃升至 80.28，同比增长 3.04%，达到过去 10 年的最好水平，国内、出境、入境市场旅游服务质量分别同比增长 5.52%、4.91% 和 4.20%。游客对景点、旅行社、公共服务、交通等方面都给予了较高的评价，娱乐、餐饮、住宿和购物等方面的服务质量也在稳步提升。重庆、杭州、北京、西安、青岛、苏州、深圳等城市的游客满意评价位居全国前列。

区域旅游更趋均衡。2019 年以来，为落实京津冀协同发展、长江经济带、粤港澳大湾区、长三角一体化等国家战略，粤港澳大湾区世界级旅游目的地建设、长三角联合打造国际文旅精品路线、京津冀联合推广冬季冰雪文旅资源等举措稳步推进。中西部地区旅游市场开发、旅游基础设施建设等方面的环境更趋完善。2019 年前 10 个月，新疆接待游客已突破 2 亿人次、同比大幅增长。东北三省着力发展冰雪、避暑旅游产业，有效拉动经济整体跃升。文旅企业向中西部和三四线城市下沉的趋势更加明显，广之旅通过"移动旅游体验馆"实现渠道下沉，以"旅游大篷车"的形式把最新旅游资讯送到家门口，更好地满足乡镇居民对美好生活的追求。

旅游产业运行景气稳中有升。随着供给侧改革的不断深化，新业态、新产品、新服务不断涌现，夜间旅游、定制旅游和文化体验游成为发展亮点，冰雪旅游、避暑旅游、研学旅游等掀起发展高潮。银联商务数据显示，2019 年 1~11 月，国内夜间消费总额占全日消费量的 26.5%，其中游客消费占比近三成。今年以来，斯维登等酒店集团创造性地将睡眠空间变成了生活体验场景，OYO、美团轻住、华住投资的你好酒店、飞猪的菲住酒店联盟等都在密集布局三四线城镇单体酒店市场。各地红色文化遗址、红色旅游小镇等多元化红色旅游产品受到游客追捧，红色旅游社会经济效应不断释放。数据显示，1~11 月，国内重点红色旅游景区游客消费金额同比增长 25% 左右，"80 后""90 后"等中青年客群对于红色旅游的参与度和认同感越来越高。

预计全年目标全面完成。预计全年我国国内旅游人数 60.06 亿人次，收入 5.73 万亿元，分别比上年增长 8.4% 和 11.7%。入境旅游人数 1.45 亿人次，实现国际旅游收入 1313 亿美元，分别比上年增长 2.9% 和 3.3%，入境过夜人数和外国人入境人数分别增长 4.5%、4.4%。中国公民出境旅游人数达到 1.55 亿人次，比上年增长 3.3%。全年实现旅游总收入 6.63 万亿元，同比增长 11%。年初制定的各项指标将全面完成，入境旅游超预期增长，旅游经济在稳增长、调结构、惠民生等方面的作用更为突出（表 1–1）。

表 1–1　2019 年旅游市场主要指标预测

指标	预测值	同比 (%)
国内旅游人数	60.06 亿人次	8.4
国内旅游收入	5.73 万亿元	11.7
入境旅游人数	1.45 亿人次	2.9

续表

指标	预测值	同比 (%)
入境过夜人数	6573 万人次	4.5
外国人入境人数	3188 万人次	4.4
国际旅游收入	1313 亿美元	3.3
出境旅游人数	1.55 亿人次	3.3
旅游总收入	6.63 万亿元	11

二、2020 年旅游经济基本面没有变，总体不至于太悲观

支撑旅游业发展的中国经济基本面不会改变。由于新冠肺炎疫情的强传染性，叠加春节时点、世卫组织列入 PHEIC、中美贸易摩擦等因素，此次疫情对经济影响短时间内高于 2003 年“非典”。更加优化的经济结构和发展质量、更强的疫情防控能力，以及线上新经济替代等正面影响，我们有理由对经济恢复增长的潜力和速度保持乐观预期。综合研判宏观部门和各方面的信息，如果疫情在第一季度得到控制，第二季度 GDP 会步入恢复期；如果疫情冲击经济持续到上半年，国民经济将从第二季度开始恢复增长。不管是哪种情况，中国在世界经济和全球价值链中的地位都不会发生根本改变，旅游业发展的国际国内环境也不会发生不可逆转的恶化。

持续增长的大众旅游基本面没有改变。中国已经进入大众旅游新时代，旅游已经成为日常生活的重要组成部分，节假日外出旅游也是越来越显化的新民俗。本次疫情影响是暂时的，刚性旅游消费的基本面和中长期趋势不会改变。中国旅游研究院的专项调查显示，71.5% 受访者表示疫情结束后稳定一段时间再外出旅游，20.7% 表示疫情过去后尽快外出旅游，江西、湖南、广东、河南、广西、福建、安徽、内蒙古、北京、山西、河北等省（市）的受访者疫后出游意愿更为迫切。从海外市场来看，疫情短期内对美国、日本、韩国、中国香港等主要客源市场影响较大。考虑到商务客源、华人华侨等多重筑底因素，入境旅游市场的恢复期会长于国内市场，但总体可控。结合历史和国际经验，我们

认为疫情解除后，国内旅游消费意愿将会很快恢复并极大可能会出现“报复性消费”。以都市游、郊区游为代表的中短途国内旅游率先恢复，并逐步扩大至跨市、跨省游，时尚、品质、定制、亲子、自驾等新型旅游消费潜力会得到极大释放。随着主要目的地国家和地区往来航线的恢复，入境游可能需要3个季度左右的时间完全恢复，餐饮、酒店、线下消费、线下商业等旅游及相关业态随市场恢复而逐渐修复。

政策效应初步显现，企业信心趋于稳定。春节以来的新冠肺炎疫情给旅游经济带来严重冲击，各类旅游企业受损严重，普遍面临现金流不足、应收账款风险、大量游客投诉和运营成本增加等困境。随着发改、财政、金融、商务等综合部门的宏观政策和地方政府救市撑企政策的出台，特别是文化和旅游部返还80%旅行社质量保证金等措施的出台，旅游企业开始从初期的悲观恐惧中缓过劲了，信心趋于稳定，开始形式多样的自救和互助行动。近期业界舆情不再一味焦虑，把希望都寄托在政府出手救助，而是本着“企业自救、行业互助、政府托底”的理念承担共同而有区别的责任。

2020年旅游经济总体不至于太悲观。如果防控成效显著，疫情持续时间较短，3月底至4月中旬结束，世卫组织解除PHEIC。疫情对旅游市场的冲击主要局限在第一季度及第二季度上半段。预计在乐观情境下，全年国内旅游人数和国内旅游收入分别负增长13.9%和18.6%，入境旅游人数和国际旅游收入分别负增长18.9%和21.9%，出境旅游人数负增长12.0%。在基准情境下，全年国内旅游人数和国内旅游收入分别负增长15.5%和20.6%，入境旅游人数和国际旅游收入分别负增长34.7%和40.6%，出境旅游人数负增长17.6%。如果疫情持续时间和影响超出预期，国际关注的突发公共卫生事件评级延长消除，则对国内旅游人次和收入、出境旅游人数负增长分别达到20%左右或以上，对入境旅游人次和收入负增长分别达到40%左右或以上。从中长期发展趋势看，我国旅游市场持续向好和稳定发展格局没有改变，疫情对人均出游率、人均旅游花费不构成影响，可望在疫后迎来恢复性增长（表1–2）。此预测是在2月国际疫情尚未完全爆发的形势下所作出的基本判断，在当前国际疫情防控尚未明显控制的形势下，对中国出入境旅游市场影响会更大。

表 1–2　2020 年旅游市场主要指标增长预测

指标	疫情快速结束（乐观）	疫情中速结束（基准）	疫情慢速结束（悲观）
国内旅游人数	–13.9%	–15.5%	–19.5%
国内旅游收入	–18.6%	–20.6%	–27.9%
入境旅游人数	–18.9%	–34.7%	–40.7%
国际旅游收入	–21.9%	–40.6%	–44.5%
出境旅游人数	–12.0%	–17.6%	–21.2%
旅游总收入	–19.5%	–22.0%	–29.5%

三、推动旅游业高质量发展，加强现代化治理体系建设

以党的十九届四中全会为指导，推动旅游治理体系和治理能力现代化。按照中央经济工作会议“坚持稳中求进、深化改革开放”的要求，要在广泛征求行业意见的基础上，适时修订《旅游法》《旅行社条例》《旅行社责任保险管理办法》《导游管理办法》等法律法规，以法治和市场建设打造良性竞争的营商环境。重点抓好文化和旅游市场引导、监管和服务，坚决守住安全和意识形态两个底线，有效提升服务品质和游客满意两个高限，做好重要节假日节前预测、节中监测和节后经验总结等工作。

千方百计优化入境旅游市场环境。依托国家战略提振入境旅游，在高层外交、重大主场外交、文化旅游年以及欢乐春节等重要活动中增加入境旅游的曝光率，讲好新时代中国故事，将促进入境旅游发展的相关内容写进“一带一路”、亚洲旅游促进计划中。在保障国家安全和利益的前提下，探讨有计划、系统性地推动包含签证、口岸、免税、航权等一揽子的制度创新。以北京 2022 年冬奥会、冬残奥会为契机，重点布局“一带一路”沿线国家的文旅市场。

聚焦美好生活与文旅融合，坚定不移地扩大旅游消费。文化建设和旅游发展都是为了满足人民对美好生活的向往与追求，美好生活反过来又正在成为文化建设和旅游发展的全新动能。值此大众旅游新时代、全域旅游新方位、文旅

融合发展和高质量发展新要求，要统筹社会力量，在现有文化活动和旅游消费的基础上，因地制宜地探索文化引领、科技支撑、生态友好、主客共享等不同类型的文旅融合发展模式。通过市场导向的技术创新、内容创造和商业实践，把握文旅消费分层分级的消费痛点，不断优化红色旅游、避暑旅游、冰雪旅游、夜间旅游、养老旅游、美食旅游的供给结构和服务质量。让更多人参与到文化和旅游活动中来，进一步发挥旅游业在稳就业和促消费方面的压舱石作用。

激发科技、文创和资本等新动能，培育充分竞争的市场主体。紧扣文化遗产活化、城市复兴、乡村振兴、文旅融合、科技创新等主题，大力培育科技、教育、文创、法律、公关等新时代旅游发展的全新动能。引导旅游业应用 5G、北斗导航、无人驾驶、机器人、语言识别、区块链、人工智能、增强现实等信息科学和工程技术，以增量投资激活存量资源。释放鼓励科技创新、文化创意、投资创业的积极信号，出台制度、技术、教育、人才、行业组织等配套政策，培育大集团主导、中小企业专业化运营、小微创新企业日趋活跃的新型旅游产业格局。

以国家旅游线路和国家战略为牵引，促进区域旅游协调发展。夯实文化旅游公共服务和基础设施建设，启动新时期文化和旅游融合视角的资源普查工作。在项目、景区和城市的基础上，筹划丝绸之路、长城、长征、长江、黄河、运河等专项旅游发展规划，串珠而成新时代的国家旅游线路。进一步增强红色旅游和贫困地区目的地区域文化和民族文化的传承与创新，筹划“唱响中国红”等系列活动，引导文旅企业实际参与到“三区三州”等深度贫困地区的脱贫攻坚行动中，通过发展红色旅游和民族文化旅游聚集业态，为贫困地区长期发展打好产业基础。

构建新时代旅游发展的理论体系、学术体系和话语体系。围绕中心、服务大局，加强战略研究和顶层设计，重点开展文化和旅游融合发展、“十四五”旅游规划、全域旅游、高质量发展、旅游数据等当代旅游发展理论研究。启动实验室经济基础工程破解发展难题，通过数据把需求和资源真正连接起来。响应政府决策、社会评价和产业高质量发展的需要，进一步发挥文化和旅游数据对宏观调控和产业引导的支撑作用，适时启动文旅经济核算和下算一级工作。

第二章

旅游需求特征与市场演化

2019年我国经济下行压力增加，旅游业增长具有韧性，对经济增长的作用愈发突出。全年国内旅游人数为60.06亿人次，同比增长8.4%，入境旅游人数1.45亿人次，同比增长2.9%，出境旅游人数1.55亿人次，同比增长3.3%，全年实现旅游总收入6.63万亿元，同比增长11%。全年文旅融合效应持续显现，旅游支出占城乡居民消费支出比例超过20%，文化体验和精神需求主导了旅游消费的演化，不同年龄、不同区域旅游消费分层分级现象相互渗透，消费潜力进一步释放。游客不断向生活空间和休闲空间聚集，旅游已经向着从风景到生活，从景区到社区，从戏剧场到菜市场等生活空间和休闲空间转变，主客共享的时代来临。国内夜游经济推动旅游环境迈向新台阶，冰雪旅游、避暑旅游、研学游、新团队游、定制游、微旅游等体验性和品质化旅游需求稳步增加。出境游中，出国游客占出境游客比例持续增加，签证、航空、语言和支付环境进一步改善，出国游客满意度有所提升。入境旅游市场持续增长，入境过夜游客数量稳步增加，外汇收入稳中有扩，入境旅游综合效益持续显现。

一、旅游消费需求

2019年以来，受重商主义、贸易保护主义、技术和生态壁垒等影响，全球经济增长放缓，呈现出制造业向服务业传导的迹象。我国经济下行压力增加，但经济运行继续保持总体平稳、稳中有进的发展态势，2019年GDP保持了6.1%的中高速增长，主要指标运行在合理区间，国内需求稳步扩大，旅游消费继续领跑。

（一）城乡居民消费支出超两成流向旅游

旅游高质量发展是以人民为中心的国家旅游发展战略，是全面建成小康社会新阶段的根本要求。2019 年全年国内旅游人数为 60.06 亿人次，国内旅游收入为 5.73 万亿元，分别是 2011 年的 2.28 倍和 2.89 倍（图 2–1）；入境旅游人数为 1.45 亿人次，出境游人数为 1.55 亿人次，分别是 2011 年的 1.07 倍和 2.24 倍（图 2–2）。预计 2019 年人均出游率为 4.36 次，人均每次花费为 953 元 / 人 · 次左右，分别相较 2013 年升高 74.4% 和 18.31%（图 2–3）。

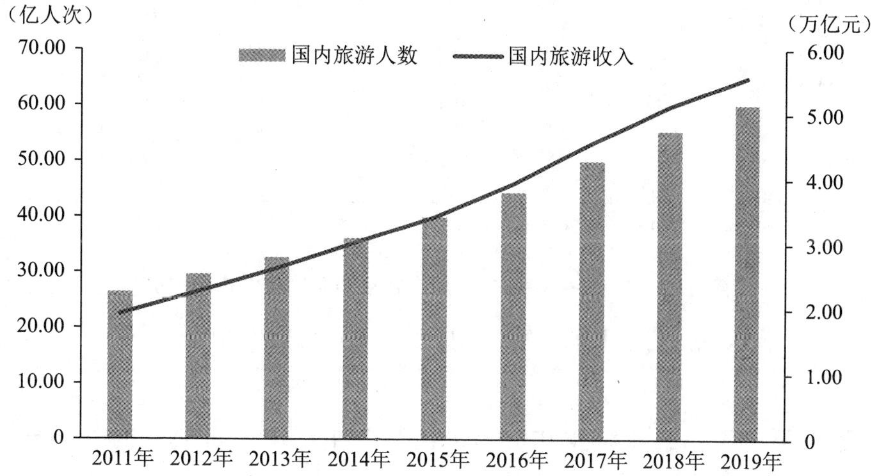

图 2–1 2011—2019 年国内旅游人数及国内旅游收入情况

数据来源：历年《中国旅游统计年鉴》及其副本。

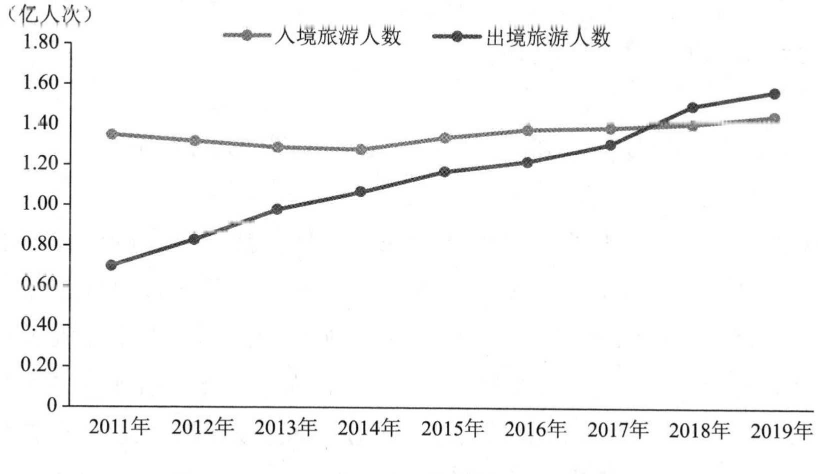

图 2–2 2011—2019 年入出境旅游人数情况

数据来源：历年《中国旅游统计年鉴》及其副本。

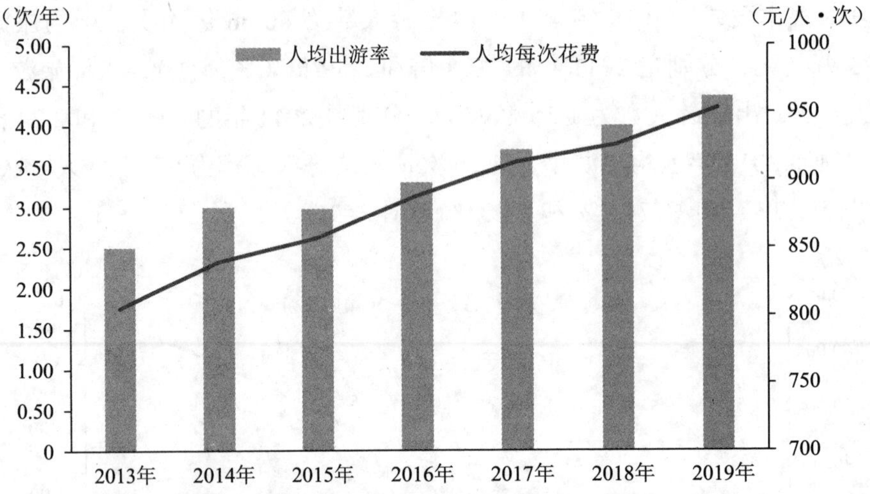

图 2-3　2013—2019 年人均出游率和人均每次花费情况

数据来源：中国旅游研究院（文化和旅游部数据中心）。

从数据可以看出，旅游正在成为国民日常生活中不可或缺的一部分，但相比国际旅游消费水平而言，我国仍然处于“大基数、稳增长、低消费”的大众旅游初级阶段。其原因有二：一是我国中产阶级人数增加带来了中高收入阶层旅游品质不断提升；二是中低收入群体进入到旅游市场，旅游权利得到普及，但旅游消费水平偏低。不同收入群体旅游发展存在不平衡、不充分特点，导致我国旅游处在大众旅游的初级阶段。

（二）文化体验和精神需求主导旅游消费演化方位

随着生活水平的提升和大众旅游的快速发展，国民大众的精神需求不断升级，文化和旅游成为满足人民美好生活向往的重要支撑。2019 年上半年，据中国旅游研究院（文化和旅游部数据中心）专项调查显示，上半年超过八成的受访者参加了文化体验活动，51.78% 的受访者认为“文化消费能提高生活质量和幸福感”，数据背后是国民观念的变迁，旅游已经进入国民大众的日常生活，文化消费和精神需求已经成为生活质量的关键指标。

在全面深化文化旅游体制改革下，居民消费有所升级。从国民需求变化来看，周末、节假日期间主流旅游休闲日渐凸显。数据显示，2019 年我国城镇居民工作日、周末和节假日期间休闲半径在2~7公里的比重分别达到61.2%、63.1%和62.1%，农村居民农闲时距家2~3公里占比达35.8%。春节等节日期间，传统民俗和民间文化最受欢迎。

从休闲消费选择来看，休闲活动多元化趋势明显，消费购物类休闲活动是国民日常休闲的基础选择。数据显示，30%左右的受访者闲暇时间会选择旅游，城乡居民消费购物类休闲活动平均占比40%左右，主要以实地购物、外出就餐、游乐游艺等休闲娱乐活动为主。

在全面深化文化旅游体制改革下，新业态不断涌现，城市新动能不断被激发，城市夜间经济活跃。据银联商务数据显示，2019年1~9月国内夜间总体消费金额、笔数分别达到全日消费量的26.81%、23.80%，其中游客占比近三成，餐饮消费占比超七成。暑期携程跟团游、门票、一日游的夜间产品预订增量更是超过100%。可见，夜间经济已经成为扩大消费，倒逼文化和旅游供给侧结构性改革的重要抓手。

（三）游客不断向生活空间和休闲空间聚集

值此中国建成小康社会，旅游业朝着高质量发展，旅游需求不断演化，除单纯旅游资源外，经济社会发展成就和美好时尚新生活成为旅游吸引物。文化、教育、科技、资本等新要素为旅游业从高速增长、融合发展、走向高质量发展提供了全新动能和无限可能。据专项研究调查，60%左右的成熟互联网用户认为数字经济是未来文化和旅游的主要经济形式和增长点，而现实中，游客也更喜好跟着时尚买手、流量明星和视频直播去网红地打卡，这些现象的背后是文化、科技等要素的支持。

从博物馆、文化馆到浓缩市井民情和生活百态的菜市场，日益丰富的旅游场所有效满足了游客对当地日常生活、饮食文化、质朴社交和别样美好生活的体验诉求。据美团点评数据表明，通过博物馆搜索国内旅游目的地、线路和产品数量同比增长50%。我国的集市和菜市场，特别是大城市的生鲜、蔬菜和水果市场成为市民生活品质升级的基础支撑和游客深度体验的选择项目。

游客在行程中不仅关注人间烟火的生活气息，也集聚着家国天下的文化自豪、时尚。2019年上半年全国红色旅游出游达2.68亿人次，同比增速4.31%，占同期全国国内游总人数的8.72%；旅游收入达到1643.63亿元，同比增速

9.57%。国庆假日期间，全国共接待 7.82 亿人次，同比增长 7.81%，实现国内旅游收入 6497.1 亿元，同比增长 8.47%。调查显示，78.84% 的游客参与了各式国庆庆祝活动，全国重点红色旅游景区消费人次同比增长达 23.2%，天安门、解放碑、西柏坡、大剧院、长嘉汇等旅游景点人员密集。

总体来看，旅游已经向着从风景到生活，从景区到社区，从戏剧场到菜市场等生活空间和休闲空间转变，主客共享的时代来临。

（四）旅游消费分层分级现象相互渗透

文旅消费出现了分类、分层和分级并存的情况，这种现象体现在不同年龄阶段、城乡之间和区域之间。“80 后”“90 后”甚至“00 后”正在成为旅游消费的引导者，他们需要目的地形象、服务和产品与自己的情感投射和心理相互匹配。年轻消费者主要以信息、文化娱乐消费为主，而有一定的经济基础的中年人以及休闲时间较多的老者则以旅游消费为主。在假期出游方面，26~35 岁年龄段客人是主力，占比高达 50%，其次为 36~45 岁的游客，占比为 25%。以 2019 年国庆假期为例，包括吃喝玩乐游在内的全平台业务消费人群中，“80 后”占比约为 39.1%，“90 后”占比达到 51.7%，“00 后”开始崭露头角，占比达到 3.4%。“90 后”和“00 后”的占比合计达到 55.1%，这表明，“90 后”和“00 后”成为我国在线生活服务消费和在线旅游消费的主力军，旅游消费年轻化的特征进一步凸显。

文化消费拉动显著，文艺演出为主要支出。2019 年上半年，85% 左右受访者认为文化消费可带动购物、餐饮、住宿、交通等相关消费增长 20% 以上；35% 以上受访者认为文化消费可带动相关产业消费增长 50% 以上。免费文化场馆参观的消费场景中，75% 左右受访者表示购物、餐饮、交通等领域人均消费集中在 50~200 元，15% 受访者人均消费 200 元以上。

城乡及不同区域文旅消费热情高涨，但需求存在显著差异。数据显示，城镇游客更愿意在住宿上花钱，农村游客更愿意在餐饮和购物上花钱；城镇居民对于增长知识、提升修养和亲子育儿的文化体验需求更高，人均文化消费 500~1000 元、1000 元以上的消费中，城镇居民比重高出农村居民 8 个百分点。华北、华东地区文化消费热情更高，文化消费在 1000~1500 元和 1500 元以上的比重更高。相对于北方城市，南方城市的夜间消费能力更为活跃。

（五）夜游经济推动旅游消费环境上新台阶

政策措施出台、体制机制改革、公共服务和市政工程的加入促进了文化旅游的供给侧结构性改革，从而有效推进消费的蓬勃发展。《进一步激发文化和旅游消费潜力的意见》《关于促进文化和科技深度融合的指导意见》《推动数字文化产业创新发展的指导意见》从宏观层面奠定了释放文旅消费新动能的基础；各地如上海、成都、济南等多市也出台了发展夜间经济政策；博物馆延长闭馆时间，地铁加开夜班次，多管齐下为完善治理体系和治理能力的提升贡献了力量。

多地开始寻求把文旅政策、规划融入城市治理体系范畴，寻求与当地经济社会现代化进程相适应，但发展模式需要进一步探索。可以通过市场导向的技术创新、内容创造和商业实践，满足不同人群对消费分层分级的需求；可以统筹社会力量，在现有文化活动和旅游消费基础上，因地制宜探索文化引领、科技支撑、生态友好、主客共享的不同类型发展模式。

二、国内旅游市场

国内旅游人数和消费继续领先国民经济增长。2019 年全年出游总人数累计 60.06 亿人次，同比增长 8.43%；出游总花费 57250.92 亿元，同比增长 11.65%。2019 年前三季度国内旅游人数 45.97 亿人次，同比增长 8.9%。其中，城镇居民 33.78 亿人次，增长 9.5%，农村居民 12.19 亿人次，增长 7.2%。前三季度国内旅游收入 43467.64 亿元，同比增长 13.0%。其中，城镇居民花费 35844.39 亿元，增长 13.2%，农村居民花费 7623.25 亿元，增长 11.7%。旅游日益成为国民大众美好生活的重要组成部分，正在成为中国人的“幸福必需品”（图 2–4）。

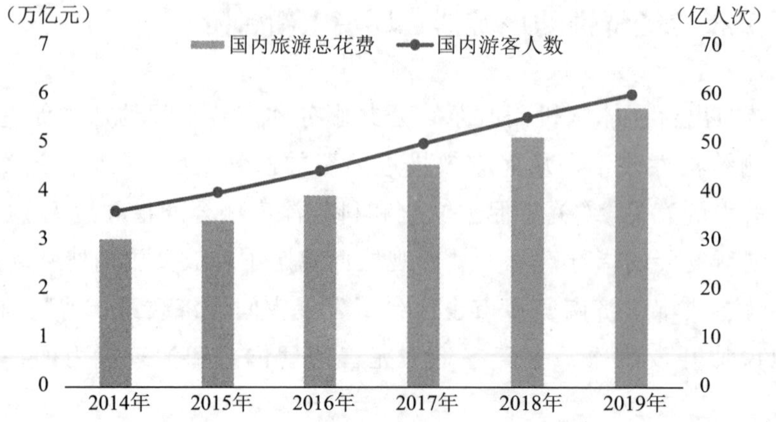

图 2-4　国内旅游接待量和收入规模

数据来源：历年《中国旅游统计年鉴》。

2019 年全年人均每次出游花费 953.25 元。2019 年前三季度全国总计人均每次花费 945.66 元，同比增长 3.8%。其中城镇居民人均每次花费 1061.17 元，增长 3.4%，农村居民人均每次花费 625.51 元，增长 4.2%。人均花费城镇居民仍远超农村居民，但农村居民人均消费增速近年来一直高于城镇居民，具有较大的发展潜力（图 2-5）。

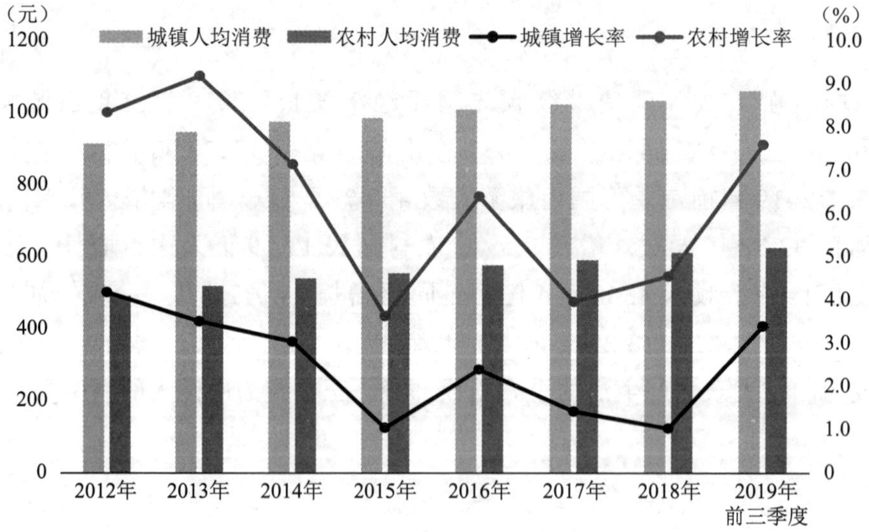

图 2-5　城镇和农村居民国内旅游人均消费情况

数据来源：历年《旅游抽样调查统计》。

假日旅游成为百姓美好生活的刚需。中国旅游研究院（文化和旅游部数据中心）数据显示，2019 年春节、清明、“五一”、端午、中秋、国庆期间，全国旅游接待总人数分别为 4.15 亿人次、1.12 亿人次、1.95 亿人次、0.96 亿人次、1.05 亿人次、7.83 亿人次，分别同比增长为 7.6%、10.9%、13.7%、7.7%、7.6%、7.8%，实现国内旅游收入分别为 5139 亿元、478.9 亿元、1176.7 亿元、393.3 亿元、472.8 亿元、6497.1 亿元，分别同比增长 8.2%、13.7%、16.1%、8.6%、8.7%、8.5%。基于近年来相关数据和综合信息，假日旅游已经成为新民俗，并给游客和社区带来满满幸福感和获得感（图 2-6、2-7）。

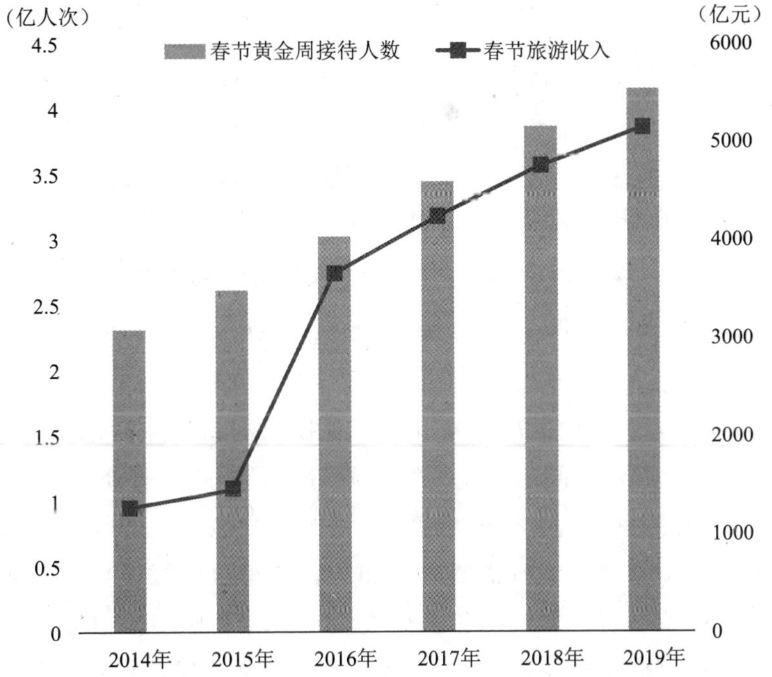

图 2-6 2014—2019 年春节长假旅游接待指标

数据来源：根据文化和旅游部以及原国家旅游局历年发布的春节长假旅游相关数据整理而得。

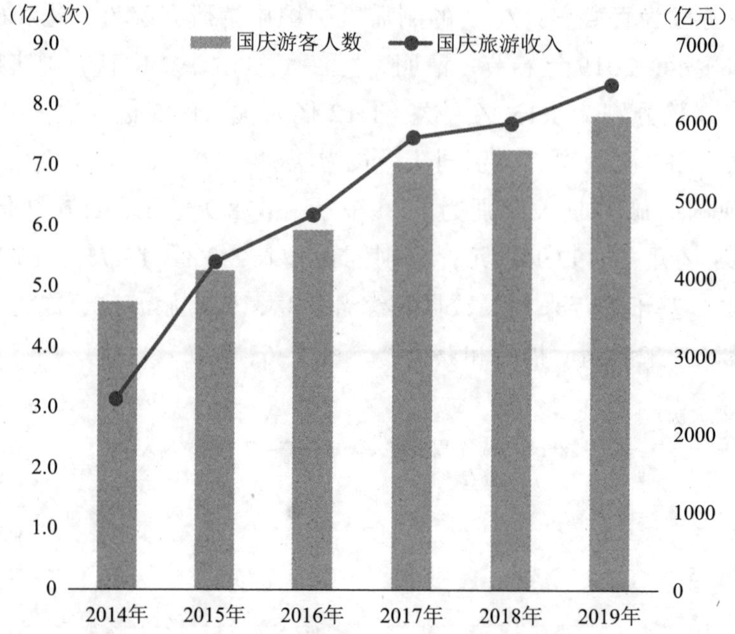

图 2–7　2014—2019 年国庆长假旅游接待指标

数据来源：根据文化和旅游部以及原国家旅游局历年发布的国庆长假旅游相关数据整理而得。

夜游等专项市场引来发展的风口。随着技术创新和旅游消费需求的升级，冰雪旅游、避暑旅游、夜间旅游、博物馆旅游、研学旅游等分众市场不断涌现，新团队游、定制游、微旅游、深度游、自驾游等个性化、体验性和品质化的旅游消费需求也稳步增加，旅游消费时空和内容均得以更好地延展。文化赋能让夜游经济增收增效显著，据中国旅游研究院（文化和旅游部数据中心）和银联商务联合实验室数据显示，2019 年夜间经济的市场规模持续扩大，1~9 月国内夜间总体消费金额、笔数分别达全日消费量的 26.81%、23.80%，其中游客占比近三成。景区夜游产品三年来持续高速增长，夜间经济城市 3A 级以上景区夜间开放超三成。“五一”假期游客夜间消费金额占到全天的 29.92%，国庆假期期间 44.96% 的游客参与夜间旅游活动。

文旅消费的“必需品”属性不断增强。随着生活水平的提高和大众旅游的快速发展，国民大众的精神需求不断升级，文化成为满足人民美好生活向往的重要支撑。居民和游客都愿意为更高品质、更多元化的文化休闲活动买单。实际上，当前，文化消费空间体系已从传统的书店、影院、剧场，拓展到艺术区、商场、社区等更多空间，旅游也不再是“坐坐车、拍拍照”，而是升级到更深层次的文化与生活体验。中国旅游研究院（文化和旅游部数据中心）的专项调查显示，51.78% 的受访者认为“文化消费能提高人的生活质量和幸福感，比衣食住行更重要”，38.74% 的受访者认为“文化消费属于生活必需品，跟衣食住行一样重要”。人们愿意投入更多精力和金钱享受精神生活，愿意为更多更好的文化体验服务买单。2019 年上半年，超过八成的受访者参加了文化体验活动，25% 以上的游客体验过博物馆、美术馆、文化馆、科技馆等文化场所，51.78% 的受访者认同“文化消费能提高生活质量和幸福感，比衣食住行更重要”，而 38.74% 的受访者认为“文化消费属于生活必需品，跟衣食住行同等重要”。旅游已经进入了国民大众的日常生活，文化消费和精神需求已经成为生活质量的关键指标，游客在异国他乡既要欣赏美丽风景，也要体验美好生活。

三、出境旅游市场发展情况

出境旅游市场持续增长。2019 年我国出境旅游市场保持增长势头，出境旅游人数达到 1.55 亿人次，相比 2018 年同比增长 3.3%。

2019 年，我国出境旅游目的地依然以近程目的地为主，中国港澳台地区及亚洲周边国家是最主要的目的地。排名前十的目的地国家和地区分别为中国澳门、中国香港、泰国、日本、越南、韩国、中国台湾、美国、新加坡和马来西亚。

（一）出境旅游市场发展特征

出国游客占出境游客总数的比例增加。与 2018 年相比较，出国游客占比提升明显。

出国游客的满意度有所提升。2019 年，日本、土耳其、马尔代夫、斐济、新西兰、澳大利亚、毛里求斯、韩国、奥地利、泰国、新加坡等目的地表现突出。

签证、航空、语言和支付环境进一步得到改善。目前各国都在积极改善简化签证办理手续，发放电子签证，改善签证环境。自 2019 年 7 月 16 日起，持中华人民共和国普通护照人员赴伊朗旅游观光和商务访问可免签入境；南非内政部宣布将引入电子签证系统，并将中国纳入试点范围。

国内各大机场国际航线的增加为出境游的发展助力。深圳机场持续加快国际航线市场开拓，近三年每年新开国际客运航线数量均超过 10 条。截至 2019 年 11 月，深圳机场已开通深圳至约翰内斯堡、特拉维夫、名古屋、云屯、罗马、德黑兰等 8 条国际航线，并加密了包括东京、首尔、胡志明、河内等 18 条国际航线，国际客运通航城市超过 50 个。深圳机场还将有多条新国际航线开通。

境外支付环境进一步得到改善。境外消费的支付渠道更加丰富便利，支付方式从传统的汇款和现金支付发展为包含银行卡刷卡支付和手机移动支付在内的多元支付，信用卡支付、支付宝支付和微信支付并存的境外应用场景日益常见。

（二）出境旅游市场未来发展趋势

以健康、安全为基本保障的复合型需求（包含跟团游和自由行、半自由行）越来越多，对服务质量更高要求，碎片化需求越来越多。出境游客愿意花更多的钱购买高质量的服务。半自由行产品很受欢迎，喜欢去非典型的景点，也会愿意花钱包车深度旅游。各具特色的小众景点备受自由行用户青睐，小众目的地有望很快成为新晋网红打卡地。

"一带一路"目的地将越来越热。出境游"一带一路"特征明显。2019 年，不含中国港澳台，出境旅游目的地排名前十的国家和地区中，"一带一路"沿线国家和地区占据了七个，分别为泰国、越南、新加坡、马来西亚、俄罗斯、柬埔寨和菲律宾。结合携程在线预订数据，截至 2019 年 11 月，最受中国游客欢迎的 20 大目的地国家泰国、日本、越南、新加坡、马来西亚、印度尼西亚、美国、柬埔寨、菲律宾、俄罗斯、澳大利亚、意大利、阿联酋、土耳其、法国、英国、缅甸、马尔代夫、德国、新西兰中，"一带一路"沿线国家和地区占据了 12 个。如果沿线新冠疫情得到有效控制，"一带一路"目的地将有望先行复苏。

人工智能开始越来越深度地介入出境旅游全过程。人工智能作为新一轮产业变革的核心驱动力，创造新的强大引擎，重构经济活动的各个环节。移动终端的普及和网络连接速度的显著提升彻底改变了人们规划、预订甚至谈论旅行的方式，人工智能越来越深度介入出境旅游全过程，包括健康安全信息的搜集和处理。人工智能的运用让办理签证更加便捷。OCR 识别、自助生成证件照、一键生成材料、在线填表和预审、实时进度追踪、材料复用等十大功能，依靠技术创新与专业服务团队让签证办理变得便捷化、可视化。2020 年，人工智能将为市场主体和个人提供个性化、实时的助手服务。

目的地和市场主体之间的竞争越来越激烈。为了对应新冠疫情带来的冲击，境外各旅游目的地将积极开展对华旅游促销宣传，增强竞争力，推动本地的旅游产业发展。与此同时，各类市场主体之间的竞争也会日趋激烈，既包括 Booking、Expedia、谷歌、携程等国际旅游企业，也包括大量的“小而美”的市场主体。

出境旅游安全形势不容乐观。国际局势动荡，出境旅游安全难以保障仍将是影响出境游市场发展的主要因素。

（三）相关建议

展望未来，需要与相关目的地和市场主体合作进一步推动出境旅游的便利化进程；进一步构建或优化跨境合作机制，规范出境旅游市场，更好地保障出境游客权益；关注并积极应对人工智能、大数据、虚拟现实等新技术发展对出境旅游发展的影响；构建机制，吸引市场主体参与，落实主体责任，构建更加有力的出境旅游安全保障体系。

四、入境旅游市场发展情况

（一）2019 年入境旅游市场发展特征

入境旅游市场进入稳定增长新通道。入境旅游市场持续增长，外国客源市场稳步增长。2019 年，我国共接待入境游客 1.45 亿人次，同比增长 2.9%，整体呈现持续增长的发展态势；同期，共接待外国入境游客 3188 万人次，同比增长 4.4%，整体呈现稳步增长的发展态势。

根据可比口径，不考虑中国港澳台地区，2019 年我国入境旅游的前十大客源市场分别是缅甸、越南、韩国、俄罗斯、日本、美国、蒙古国、马来西亚、菲律宾和新加坡，2019 年 1~10 月以上主要客源国旅华游客数量同比增长分别为 –4.8%、2.9%、4.5%、14.8%、–0.4%、–2.4%、–1.2%、7.9%、–3.2% 和 3.6%。整体来看，韩国、俄罗斯、马来西亚和新加坡等国家旅华游客数量增长速度较快，分别同比增长 4.5%、14.8%、7.9% 和 3.6%。我国的传统客源国市场缅甸和菲律宾呈现出下降的发展态势，此外，越南、日本、美国和蒙古国旅华游客数量同比基本持平。

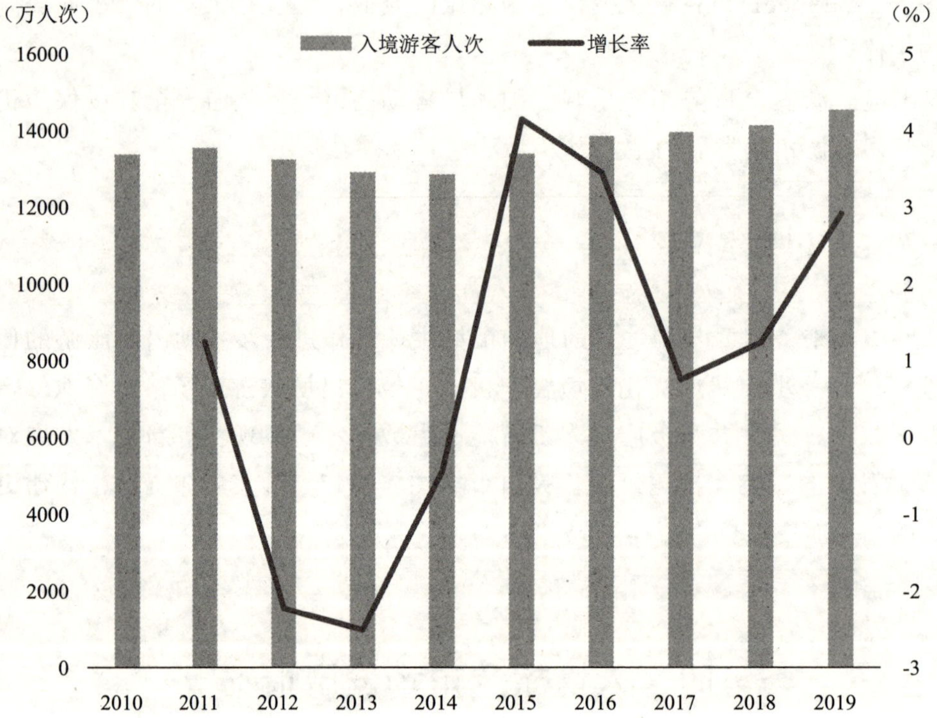

图 2–8　2010~2019 年我国接待入境游客数量与增长情况

数据来源：中国旅游研究院（文化和旅游部数据中心）。

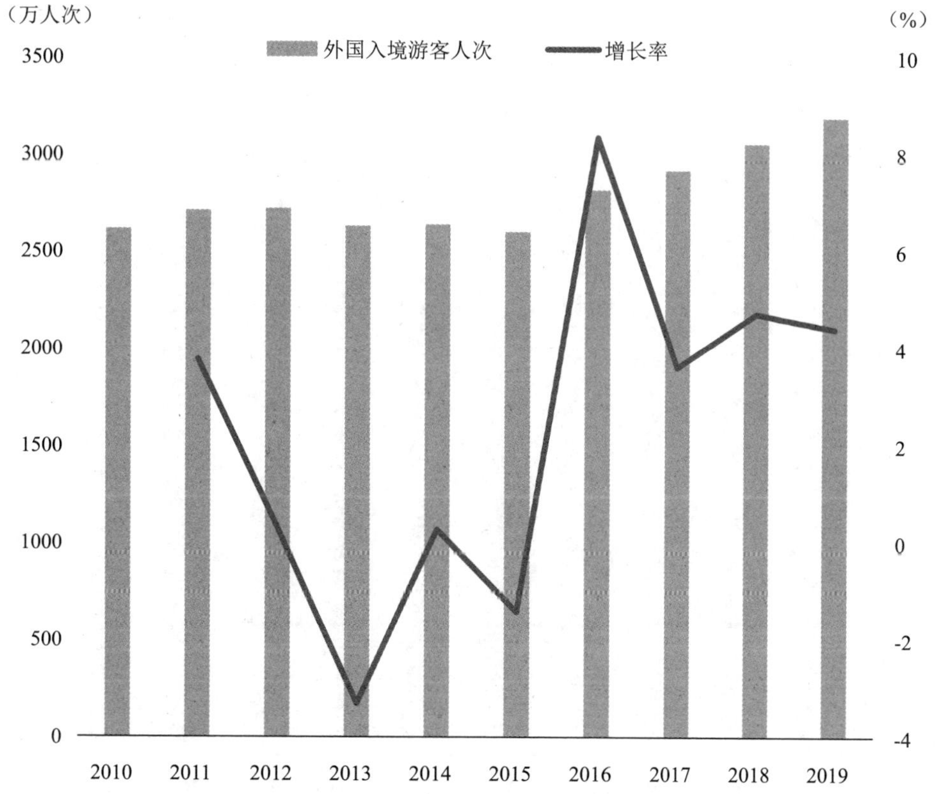

图 2-9　2010~2019 年我国接待外国入境游客数量与增长情况

数据来源：中国旅游研究院（文化和旅游部数据中心）。

入境过夜游客数量稳步增长，入境旅游品质向好提升。2019 年，我国共接待入境过夜游客 6573 万人次，同比增长 4.5%，整体呈现稳步增长的发展态势。同期，我国接待入境过夜游客数量增幅比入境旅游市场整体高出 1.6 个百分点，表明我国入境旅游的综合服务品质正持续向好提升（图 2-10）。

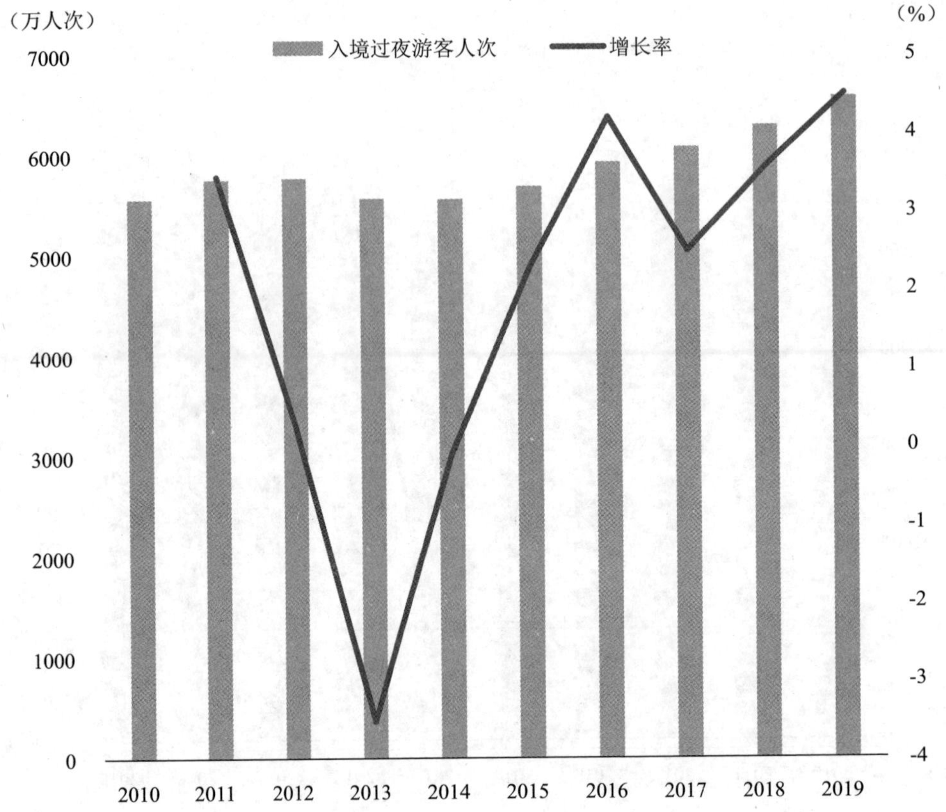

图 2-10　2010~2019 年我国接待入境过夜游客数量与增长情况

数据来源：中国旅游研究院（文化和旅游部数据中心）。

旅游外汇收入稳中有扩，入境旅游综合效益持续显现。2019 年我国入境旅游实现外汇收入 1313 亿美元，同比增长 3.3%，呈现稳中有扩的发展态势。同期我国入境旅游外汇收入增幅和入境游客接待规模基本相同（图 2-11）。

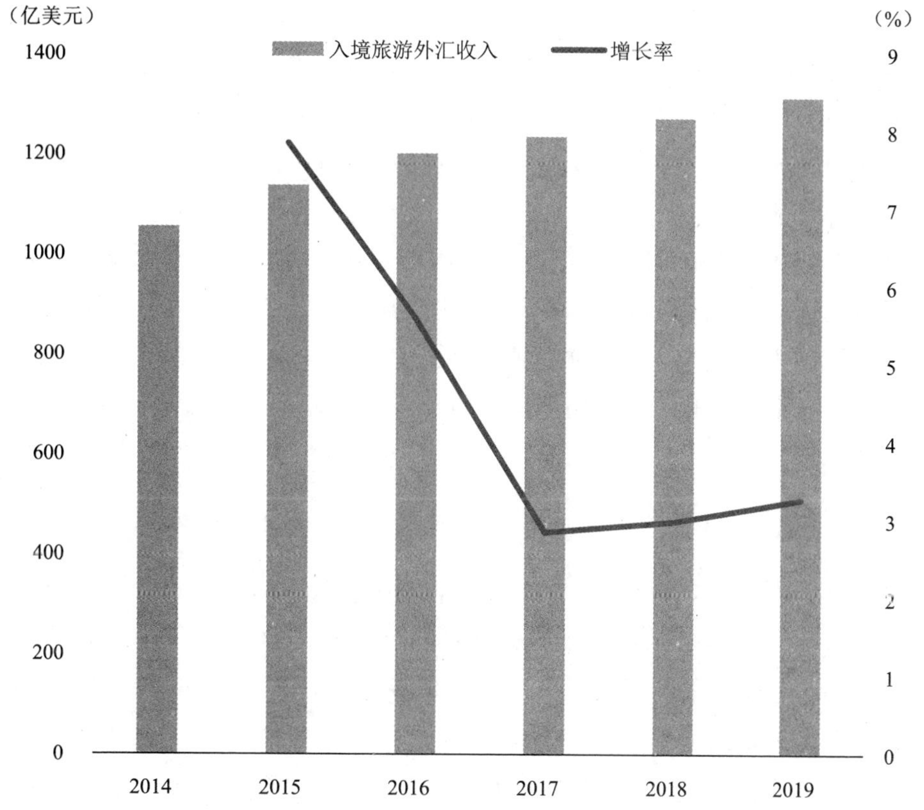

图 2-11　2019 年 1~10 月我国入境旅游外汇收入与增长情况

数据来源：中国旅游研究院（文化和旅游部数据中心）。

（二）入境旅游市场未来发展趋势

在当前新型冠状病毒肺炎疫情全球蔓延的影响下，2020 年入境旅游或将迎来一个“寒冬”。相对于国内和出境旅游市场，入境旅游的恢复需要更多的时间。考虑到这次疫情的传染范围和国际重视程度，疫情对我国入境旅游的冲击或将更大。

当然，中国政府发展入境旅游的决心依然没有动摇，虽然这次疫情打断了入境旅游的恢复增长，打乱了中央和地方政府的入境旅游提振计划，但只要疫情接近尾声，中央和地方政府将快速启动疫情之前的行动方案，集中开展入境旅游目的地营销推广工作。长远来看，我们对入境旅游的恢复信心坚定。回顾历史，不管是流行病疫情还是恐怖事件，或是其他自然及人为灾害，这些突发事件虽然会使旅游业短期内遭受重创，但随后国际旅游市场均能较快恢复。当前，国内大众旅游市场不断走向成熟，旅游基础设施不断完善，旅游服务品质不断提升，国内旅游与入境旅游协同发展，互相促进。我们有信心在全球疫情结束后使入境旅游能够快速走向恢复，重新步入恢复增长的通道。

（三）相关建议

预计在2020年下半年，伴随中国及全球从新冠疫情中的恢复，中国入境旅游将逐渐恢复。在疫情结束之前，需要做好市场振兴的相关政策研究准备，尤其是国家战略导向、市场环境、目的地营销推广等方面。

坚持发展入境旅游的决心不动摇。除了经济层面的考虑，入境旅游作为向世界人民展现中国文化，分享经济发展成果的重要媒介，也更加受到重视。提振入境旅游自然成为我国实现从旅游大国到旅游强国目标的重要举措，不能因为因新冠疫情的爆发暂时中断了入境旅游的发展就不再对其重视。

全面优化入境旅游市场环境，为入境旅游重振提供政策保障。在保障国家安全和利益的前提下，推进有中国特色的旅游便利化进程。引入和吸引权威智库参与讨论和研究，探讨有计划、系统性地推动包含签证、免退税和航权等便利化政策，尽可能地提升相关政策的精准性和实效性。

创新体制机制，提升目的地营销推广工作的专业性和实时性。探索将行政、市场和专业工作分开，建立专业化的机构开展入境旅游营销推广。在疫情尾声积极筹备目的地营销工作，根据疫情调整目的地营销推广计划，尤其需要利用先进技术，通过境外社交媒体向潜在客源市场实时传递我国最新的旅游目的地实况，吸引境外游客重新到访。

第三章

旅游供给特征与产业运行

为满足民众对美好生活的需要，高质量发展已经成为文旅产业发展的主旋律。在这一进程中，很多产业在实施“+ 文旅”战略，以期搭上文旅产业这辆顺风车。同时，文化和旅游产业也在实施“文旅 +”战略，以期能找到更高更好的施展价值的平台。2019 年，新技术已经成为文旅产业发展的基础设施，新技术的应用不断提升文旅产业的运营效率、经营效益、服务品质以及监管水平。5G 在文旅产业的应用，将催生出新的文旅业态、新的商业模式，而区块链在文旅产业的落地，将有可能重构整个文旅经济体系。文旅产业未来前景广阔，在国民经济中的地位只会越来越高。目前文旅产业的盈利能力还不够强，很多产业“+ 文旅”是为了获取政策红利或为了实现引流，文旅产业还要靠其他产业来反哺。未来只有从以“+ 文旅”为主转向“文旅 +”为主导，文旅产业的盈利能力强起来，真正能够靠文旅产业赚钱，文旅产业才真正能够自强自立。

一、旅游产业概述

旅游产业运行景气稳中有升。随着供给侧改革的不断深化，新业态、新产品、新服务不断涌现，夜间旅游、定制旅游和文化体验游成为发展亮点，冰雪旅游、避暑旅游、研学旅游等掀起发展高潮。银联商务数据显示，2019 年 1–11 月，国内夜间消费总额占全日消费量的 26.5%，其中游客消费占比近三成。今年以来，斯维登等酒店集团创造性地将睡眠空间变成了生活体验场景，OYO、美团轻住、华住投资的你好酒店、飞猪的菲住酒店联盟等都在密集布局三四线城镇单体酒店市场。各地红色文化遗址、红色旅游小镇等多元化红色旅游产品受到游客追捧，红色旅游社会经济效应不断释放。数据显示，1–11 月，国内重点红色旅游景区游客消费金额同比增长 25% 左右，80 后、90 后等中青年客群对于红色旅游的参与度和认同感越来越高。

旅游产业运行景气稳中有升，文旅项目密集部署和下沉。前三季度旅游产业运行保持在136.38的“较为景气”区间运行，各季度同比均有明显回升。企业层面，上半年，中国国旅、华侨城A、携程、美团点评（到店、酒店和旅游业务）、复星、宋城演艺、华住酒店等企业的经营数据较为乐观，华侨城、万科、碧桂园、恒大、保利、融创等龙头房企左手卖资产、右手重仓文旅的战略备受关注。与此同时，A股、港股、美股及新三板文旅上市公司整体亏损企业比例达四成，新三板和传统景区上市公司“拖后腿”比较严重。地区层面，文旅企业向中西部和三四线城市下沉的趋势更加明显。2019年，四川签订文旅项目超2000亿元，电影《哪吒之魔童降世》、“王者荣耀”、二次元粉丝等动漫、电竞文旅资源备受关注。

数据驱动和技术赋能文旅产业创新发展。新技术将在文旅产业从传统服务业转向现代服务业的过程中起到主导作用，特别是新的数字技术、管理技术和大数据等技术，会是推动文旅产业高质量发展的主要动力。上半年，5G商用时代正式开启，文化和旅游与5G、大数据、人工智能、物联网等高科技联系日益紧密，在景区、交通、监管智能等方面的5G应用和投资意愿较高。系列产品创新和优质服务不断推陈出新：希尔顿发布首个生活方式品牌“嘉悦里”；首旅如家与广东联通合作面向5G打造“数字酒店”；携程上线“AI导游”覆盖全球53个国家、近8000个景区；美团点评牵头起草《线上酒店服务质量评价标准与等级划分》；同程发布住宿产业链金融的融资服务产品“同驿贷”；拼多多、抖音、快手等高频应用平台跨界进入旅游领域；哈罗单车已入驻300个城市和260多个景区。

文旅融合高质量发展的市场支撑有待夯实。当前，文化和旅游市场、产业与法治化方面出现了一些可喜的变化，但以山山水水、历史人文为主的传统资源和发展动能“大而不优”，以资本、科技应用、文化创意和创业创新为代表的新动能“势强能弱”。全域旅游、旅游发展基金、人工智能、大数据、5G+4K、文化创新、遗产活化等仍然处于概念导入阶段。在入境旅游市场上，中国梦所代表的经济社会发展成就还没有成功转换为新动能，主推的仍然是延续多年的“京西沪桂广”传统线路。各地发展旅游的模式还是旅游发展大会、招商签约、做规划、发文件、整顿市场、层层动员、层层考核的传统做法，市场主体建设、目的地宣传推广和游客满意度提升等克难攻坚的任务仍然没有实质的进展。

二、旅游住宿发展

（一）旅游住宿业发展现状

1. 住宿业走上高质量发展之路

住宿业作为旅游经济和宏观经济的不可或缺的一个组成部分，与整个经济发展息息相关。经过一段时间的高速增长后，我国住宿业体量已经非常庞大，从不同统计口径看，根据文化和旅游部的统计数据，星级饭店规模约为 1.2 万家；根据国家经济普查数据测定，上规模的住宿机构已达到 12.6 万家；主要 OTA 数据显示有超过 60 万家住宿机构。近十年来住宿业的投资增速与 GDP 增速基本同步，经过多年高速增长后增速开始放缓，只是增速波动幅度更大。在当前经济发展转向高质量发展阶段的大背景下，作为满足人民群众美好生活需要的住宿业也正迈向高质量发展阶段。

住宿面临高速度增长与低盈利水平之间的不平衡。从住宿业的盈利能力来看，整个住宿业和旅游业绩效一样都处在微利水平。住宿业与景区、出境旅行社等旅游业态相比净资产收益率较低。其中，旅游饭店整体来说净资产收益率处于最低的位置，五星级饭店的资产收益率相对略好一些，2014 年达到谷底，此后有所回升。2014 年五星级整体盈利 5.7 亿元，2018 年上升至 75.4 亿元，但单体酒店盈利水平也不足 100 万元。总体而言，住宿企业平均净资产收益率近年来维持在不足 3% 的水平。从资产投资角度来看，对投资回报率的要求倒逼住宿业必须走高质量发展之路。酒店绩效的区域性差异显著，存在住宿业态多元化但发育尚不充分等问题，高质量发展是破解住宿业发展不平衡不充分矛盾的需要，也是服务国家战略的需要。

2. 产业发展动力转换

住宿业高质量发展的动力从要素驱动转向创新驱动，在土地、资金、人力等要素的基础上，技术、文化、管理、数据以及企业家精神都成为住宿业创新的关键因素。住宿业发展在要素创新上注重深挖存量住宿设施的空间价值，资本对行业成长的助推和复合型人才对产业素质的提升仍然起着非常重要的作用。文化因素在住宿业发展中的重要性体现得越来越显性化，一方面是以文化自信促进品牌自信和品牌成长，另一方面是以文化创意提升住宿产品附加值和丰富消费者体验。企业家作为风险承担者、机会发现者和创新实践者，其对行业发展创新的价值和作用应更加受到重视；“创新是企业家精神的灵魂”，我们要在行业内不断倡导企业家精神，包括职业经理人和企业高管在内的员工都需要具有企业家精神。

3. 消费升级倒逼高质量发展

国内旅游者已成为我国住宿业的主要消费群体，内行而挑剔的国内旅游者会迫使酒店和住宿企业努力达到产品高质量标准和产品创新，有助于住宿企业赢得国际竞争优势；国内需求的特点对塑造我国住宿产品的特色，产生技术革新和提高质量的压力都起着尤其重要的作用。酒店集团越来越重视国内消费者的需求变化，提供契合消费者需求的住宿产品。随着社会不断分层和圈层化，不同圈层的消费需求、消费心理和价值感知是存在巨大差异的。住宿消费也出现分层，呈现区块化、圈层化，形成一个多维度市场。在这个全新的逻辑里，住宿产品本身到底是什么可能并不是最主要的，怎么让人心动很重要，怎么满足情绪诉求很重要，特别是怎么满足身份认同很重要。这也是目前一些主题民宿和主题酒店等小众产品受欢迎的重要原因之一。随着消费不断分层，需要重视“千禧一代”这个“没有饥饿感”的消费群体，同时要关注到银发一族消费潜力有待挖掘、中等收入群体的崛起以及消费市场下沉等趋势，这些新消费正在催生新的业态，如微型酒店、健康酒店、文化艺术酒店以及亲子酒店等。

4. 供给侧改革推动高质量发展

行业竞争是推动住宿业高质量发展的重要力量，除了本土与国际酒店集团竞争和国内酒店集团之间竞争，同时能够观察到，正是很多酒店业的“外行”打破思维定式，引领了经济型酒店、中端酒店、精品酒店、共享住宿以及轻连锁酒店等新兴住宿业态的发展。住宿企业的整合能推动行业发展，如锦江、华住、首旅如家等在并购整合中成长，近期金陵饭店集团、融通酒店集团等通过划拨重组迅速壮大。此外，产业融合也是一股推动行业发展的力量，如有戏等主题酒店、松赞山居等精品酒店和东呈酒店集团等所践行的文化与旅游融合发展，春秋集团与首旅如家所开展的交通与住宿的融合发展以及宜家、无印良品所实施的零售与住宿的融合发展等。为了进一步满足消费升级需要，住宿产品必须不断进行迭代，如澳斯特、瑾程、亚朵、维也纳、全季等中端酒店做优核心，迭代升级，书香、皇家驿栈等精品酒店匠心独具，凸显个性，君澜等度假酒店倡导新的生活方式，打造独特体验，以及精品民宿的文创加创新，集聚 / 集群发展。

5. 高质量发展是住宿产业链上所有企业的追求

中间商 OTA 从激烈厮杀到一家独大，再到目前的寡头垄断格局，一定程度上制约了行业创新；为巩固市场地位，曾经一度封杀 OYO 可能带来的冲击；也有 BidRoom 希望以零佣金模式来赢取部分市场，未来区块链可能是最有望重构销售渠道的技术。在酒店用品供应商领域，类似智采平台等公司正在尝试打造一个基于技术支撑的饭店业采购新生态，让酒店用品供应商提升采购效率和降低采购成本，做阳光下的生意。区域选择上跟随国家战略进行区域布局，如世茂酒店集团布局港澳大湾区，绿地酒店集团布局“一带一路”沿线国家等；民宿服务在打造高效价值链和产业集群。酒店业主方也开始注重品质。

（二）旅游住宿业发展趋势

1. 市场下沉趋势渐显

下沉市场还存在市场红利。从区域结构看，整个中国经济体量目前的状态是越往下、越往基层的经济空间越大，在区位结构上带来的落差会带来大量的生意机会。国内外酒店品牌也呈现出向三四线市场下沉趋势，这在一定程度上缓解了酒店的区域分布不平衡问题。其原因是多方面的：首先是随着我国土地和物业资源的减少，房地产商向三四线城市拓展，与地产相匹配的酒店就必须相应跟上，这会带动各大酒店品牌向三四线城市下沉。其次是国家推出提振国内消费等一系列利好政策，让不少三四线城市更重视有质量的商贸往来、商务活动和旅游活动，城市更主动去布局更多现代服务业，加快了产业资源的集聚，这给中高端酒店带来机会。当然，随着消费升级的主要群体向三四线城市蔓延，三四线城市的消费红利有所凸显，各大酒店集团找到了下一步扩张的方向。随着城镇一体化的加速、交通的便利、区域消费能力的释放，各酒店集团看好高铁经济所带来的稳定流量和收益，纷纷沿着高铁站点进行布局。在模式的选取上，特许经营成为首选，如洲际酒店集团 2019 年上半年 89% 的新签约项目和

84% 的新开业酒店为特许经营模式。品牌选择上，国际酒店集团以中端酒店品牌和标准五星品牌为主，国内酒店集团则是高中低品牌全面布局。在深耕三四线城市方面，国内酒店集团经验更为丰富，因为很大一部分集团是在二三线城市起家的，如开元酒店集团 2018 年在营及待开业的酒店数量为 319 家，位于三线及其他城市的酒店为 135 家。甚至如尚美生活从 2009 年创业伊始就主要专注于三四线城市，目前已经发展到 4000 余家店。

2. 市场集中度不断提升

并购整合仍是快速获得知名品牌的最便捷手段，也是酒店集团快速成长的最快捷路径，通过不断并购，市场集中度也不断提升。锦江国际是通过并购快速成长的典范，华住酒店集团也是一家典型的通过收购快速成长的酒店集团，目前两家酒店集团都已经位列 2019 年世界酒店榜前十。格林酒店集团近年来也通过收购雅阁酒店集团等中小规模的酒店品牌，获得了快速成长。

OYO、你好酒店等轻连锁模式，通过互联网技术和新的运营管理模式，快速整合小而散的边缘性、长尾住宿市场，提升酒店运营水平和服务质量，为整个行业注入了活力。通过快速整合，按照客房规模衡量他们短短几年内已经完成传统住宿企业几十年的积累，正在重塑整个住宿行业的竞争格局，并在变革传统住宿企业的运营管理模式，极大地提升了住宿行业的发展质量。

3. 新技术应用越来越广泛

以科技赋能提升服务和生产效率，特别要注重 5G、区块链技术、人工智能、物联网、大数据、云计算、VR/AR 等数字技术以及睡眠技术等大健康技术、模块化建造、3D 打印、低碳环保技术等新兴技术逐步应用于住宿业。特别是人脸识别、数字支付方式、人工智能以及虚拟现实技术等帮助酒店与客人建立紧密联系的方式，这些技术将为酒店业主和酒店员工赋能，给客人带来欢乐的同时，提高每家酒店的盈利能力。大数据技术在酒店选址、电子合同、电子发票、大数据营销、推广、定价、销售、产品设计等方面都有广泛应用。云 PMS 系统、ERP 系统、OA 系统的不断升级，也在助力酒店集团提升运营管理效率。随着人力资源成本的上升，要平衡好人工服务与 AI 在住宿行业的应用，我们的判断是：未来酒店档次越低，人工智能应用程度越高；酒店档次越高，人工应用反而越多。住宿业将越来越多依托数字技术重建新的消费场景，催生新业态、新模式、新产品，如无人驾驶汽车可能变身智能化酒店，酒店客房定制化将越来越普遍。

4. 住宿业数据价值逐步凸显

党的十九届四中全会提出“数据”也是一种生产要素。目前旅游住宿行业统计数据官方来源有三个：文化和旅游部对星级饭店的年度统计、国家统计局对住宿设施投资的年度统计和四年一度全国经济普查数据中对规模以上住宿设施的简单统计。借助这些数据可以对住宿业发展有个局部了解，但不能对全局进行分析判断，对于全国住宿业的档次结构、区域分布、经营状况等缺乏统计，对于目前经济型酒店、中端酒店、高端酒店及新兴起的服务公寓、短租公寓、民宿等业态的规模统计数据也没有一个权威的说法，导致无法对投资总量引导和地区、业态结构做有效调整。对产业绩效低下等现象的判断，主要也是来自星级饭店统计数据，对于全行业也缺乏权威的解释口径。这也提醒旅游住宿业主管部门亟须建立完善的住宿业统计体系。

也有部分来自民间的住宿业数据供业内参考。中国旅游饭店业协会与浩华管理顾问公司多年来发布的酒店调查年度数据以及豪威盛（HVS）曾经发布的酒店价值指数对酒店经营和投资者具有一定参考价值。酒店数据公司STR从创始之初起一直以酒店行业作为基础，处理、分析并报告来自多个国家的酒店数据，为酒店企业提供标杆数据对标和分析，近年来STR还尝试为额外的酒店客户群体提供解决方案。2019年10月份，CoStar集团以约4.5亿美元现金溢价收购酒店数据公司STR，凸显数据对酒店行业发展的重要性和价值。其实，几大OTA平台的住宿预订数据值得进行挖掘。但需要注意一点是收集和挖掘数据的合法性问题。

5. 跟随国家战略进行区域布局

众多酒店集团着眼国家战略，跟随“一带一路”步伐，布局粤港澳大湾区。“一带一路”政策给很多本土酒店集团和在华经营的外资企业带来了巨大商机。自2016年起，绿地酒店旅游集团加快轻资产输出步伐，目前输出管理项目总量已达60家，遍布在全球三大洲十个国家，酒店总量超过200家，资产规模近千亿元。绿地酒店板块布局“一带一路”取得阶段性胜利，已经成功布局柬埔寨首都金边，马来西亚首都吉隆坡，泰国的曼谷、芭提雅、普吉岛，老挝首都万象，越南海防，斯里兰卡，澳大利亚等“一带一路”沿线国家重点城市，以及地处“一带一路”自然延伸带上的非洲几内亚。到 2021 年将实现全球布局酒店 400 家。雅阁酒店集团（澳大利亚）近年来聚焦大西南，着眼新兴旅游度假区，已形成以华南、西南片区等“一带一路”重点区域为战略发展重点的战略布局，在当地已经形成了适合于西南区域经济及文化氛围的经营模式，为当地年轻人创造了就业机会。2019 年，雅阁依托粤港澳大湾区的极其利好商业氛围，在中国投资的第一家直营店选址广州，并计划未来三年在大湾区形成近百家酒店的布局。

6. 回归住宿企业的初心

我们在探寻住宿消费观念变化、进行住宿供给侧改革创新的同时，也应关注那些相对稳定、较长时间不变的因素，以防忽视了住宿业那些最根本的要素，如服务品质。在谈论住宿业创新的同时，一定要认识到服务是酒店存在的根本，不论是顾客“看得见”与“看不见”“感受得到”与“感受不到”的都同等重要。空气质量、布草酸碱度、废水废气排放等绿色环保已成住宿业底线要求；服务以人为本，提供便利与贴心服务，特别要重视服务的关键接触点与关键时刻；要在住宿业倡导匠心精神，增强员工的服务责任心，同时也要竭力解决员工的后顾之忧。

亚马逊创始人贝佐斯曾提出要“押注永恒不变的东西”。按照其逻辑，在住宿业，客户想要低价、更高质量的服务和更丰富的选择，一句话“质优价廉”，这便是住宿业相对稳定的基础，这一点未来 10 年不会变。住宿业所有的工作就是围绕如何提升服务品质、如何降低成本、提供更具竞争力的价格和品类丰富来实施运营管理，在此基础上再进行创新、追求变化。因此，未来住宿业的高质量发展，首先还是要聚焦核心，深耕细作，专业化发展。在产品开发上，住宿企业要找准行业痛点，围绕自身核心优势，以工匠精神精耕细作，不断重构与迭代，开发契合消费者需求的产品。

（三）旅游住宿业发展建议

在住宿行业监管上，一定程度上形成了行政主管部门事实上的缺位。我国规模以上住宿机构 12.6 万余家，更广泛意义上的住宿机构可能高达 60 余万家，文化和旅游部门通过星级饭店标准监管着 1 万余家星级饭店，但一旦住宿行业出现负面事件，媒体和公众把目光都聚焦到文化和旅游部门。鉴于此，有必要从国家层面调整住宿行业管理体制，制定旅游住宿业分类标准和建立住宿业统计体系，还可以考虑制定住宿业发展专项规划。

对于住宿行业来说，与相关和支持性产业之间是一种休戚与共的关系，其发展不应该也不可能单兵突进，否则难以健康持续发展。因此，应该站在旅游产业价值链和住宿产业生态系统建设的角度来看待各相关产业和市场主体的发展。就住宿产业链上的企业而言，酒店品牌方更加爱护品牌，严控品质，提升溢价，更注重产品研发和文化融入，不断实施酒店品牌升级。

此外，需要创造公平的营商环境，如地方政府在引进酒店品牌时应取消对本土酒店品牌的歧视性规定；培育多元化、具有创新精神的市场主体；优化和修订星级饭店标准等行业标准，对行业监管从严执法；鼓励市场主体多提供能够满足低收入群体的住宿产品，如经济型酒店、超经济型酒店等。

三、旅行服务业发展

（一）旅行服务业发展现状

1. 服务供给加大，服务质量提升

国民旅游市场快速增长的背后是日益强大的旅行服务供给能力的支撑。受益于 C 端消费互联网的持续扩张、B 端产业互联网对产业的赋能变革，在线旅游市场交易规模和用户活跃度都不断攀升。传统旅行社与在线旅行社的边界更加模糊，两者的一体化融合正在加速。

2019 年，全国旅行社总量已增至 37794 家，广东、北京、江苏、浙江和山东五省（市）都在 2500 家以上。从上市旅行社企业来看，总体营收增长率除 2016 年出现明显下降外，近年均保持较好增长态势，5 年平均增长率为 22.7%，5 年平均净利率约为 5.9%。

从旅行服务供给质量来看，2019 年上半年，全国旅游服务质量综合指数为 80.15，同比增长 3.77%，国内游客和入境游客对我国各项旅游服务的评价稳中

有升，分别增长 6%、7%，达到 81.71、83.71 的水平。从供给角度，旅行社服务、购物、住宿、餐饮等方面的服务仍有较大的提升空间，个别地方文明旅游、旅游安全、消费欺诈等仍是亟待解决的问题。

2. 细分市场门槛建立，旅行服务日益重要

从团游、自助游到方兴未艾的定制游、从机酒标品到在线旅游度假非标品的竞争，非标需求下的旅行服务价值不断凸显。相较于标品销售，旅游度假业务，无论是定制游还是主题类产品，在预订环节往往需要经历游客与客服人员的多轮沟通协调才能完成下单过程。在旅行服务设计与实施过程中，个性化、碎片化的需求使得游客必须依靠目的地服务商的专业能力，尤其是遇到突发状况时的应急处置更需要专业的服务与保障。在碎片化的非标品市场上，人们对产品和服务品质提出了更高的要求，能不能服务好"人"，将是影响购买决策和出行体验的核心因素。

细分市场的蓬勃发展正让旅游业变成一个有门槛的生意。在旅游大众品时代，在充分竞争的市场环境下，旅游产品的同质化、信息获取的便利化等因素导致旅行服务商与客户之间的黏度较低，转换成本也较低，因此价格往往成为竞争的焦点。如今，分众市场的快速崛起要求对游客碎片化、个性化、不断分层分众分级需求的快速回应与满足，恰恰需要旅行商的专业服务，也正考验着他们的专业能力。

3. 游客需求快速变化对供应链提出新挑战

游客日益个性、碎片、及时满足的需求变化，对旅行服务供给能力提出了新的挑战。个性而碎片化的需求要求旅行服务商能够接入更多碎片化的资源和产品；游客从观风景到享生活的需求转换，要求旅行服务商需要将自己提供旅行服务的角色定位转变至异地生活方式服务商。

游客耐性下降、决策时间变短、边走边订等需求特征对服务供给的效率提出了更高的挑战。游客一旦对某地或某物产生出游的好奇，便会搜索相关信息，查看评论，预订下单，线下体验。全服务过程不仅要操作流畅、高效便捷，更要求线下服务的精准对接。这就对旅游产业传统的长供应链提出了新的挑战，也在倒逼供应链上每一类供应商角色的转型升级。源头供应商的直销趋势仍在延续，成为探索"直连 + 互联"的先锋。批发商的业务空间面临压缩，角色定位需要重新思考，从渠道思维转向用户思维与渠道思维并重。B2B 平台洗牌后再生，重新获得资源市场青睐。旅游链条中组团与地接的关系正在发生变化，地接社正从“来料加工被委托”走向积极的“主动出击打品牌”转变，触网后的地接社正在拓展更广泛的获客渠道。

（二）旅行服务业发展趋势

1. 细分垂直领域的旅行服务供给将迅速加大

大众旅游时代的到来恰恰伴随着分众市场的崛起，这一趋势在未来还会愈演愈烈。当旅行成为一种生活方式，每个人都有定义自己生活方式的权利，这将会使市场出现更深度地分化。未来的旅游服务会更加以群体划分，原因在于每个群体的消费行为、模式、决策影响因素与路径等，都存在较大的差异性，因此，在细分垂直领域的旅行服务供给还将进一步加大，这种供给必须是基于对特定群体的精准理解。

在跨界融合的时代背景下，旅游业的边界不断打开，旅行服务商的外延正不断扩大，更多的主体跨界而来。这些跨界而来的主体，往往原来已在某个细分领域里积累了成熟而同质化极强的客源，如体育赛事、户外运动、文化体验、房产交易、律所服务、保健品等运营主体，开始意识到这些专业群体的出游需求，并开始注册旅行社资质，以更专业的产品和服务去满足其所经营的细分市场的旅游需求。

2. 供应链变革将是未来产业升级的重点

大众旅游时代的到来，使得旅游活动从需求弹性较大的商品成为很多百姓生活的重要组成部分，出门旅行不再像之前那样，是一个较为耗时的决策过程，“说走就走的旅行”已经从梦想照进了现实。与此同时，旅游消费的主流人群由“60 后”“70 后”向“80 后”“90 后”，甚至是“00 后”转移，他们成长在互联网时代，并与全球移动互联网技术的发展同行。与他们的父辈不同，“80 后”“90 后”更追求自我价值的实现，体现在旅游需求上，便是追求及时享乐、无拘无束的旅游方式。“边走边订”所带来的行前、行中选择的多元化和可及时调整正满足了他们追求自我的需求。

“边走边订”的旅游消费趋势得益于移动智能技术在旅游行业中的应用。以滴滴出行、共享单车、Uber、Airbnb 等出行和住宿创新服务为代表的移动智能技术在服务领域的全面应用，推动了即时满足服务在全球用户间的普及。当“随叫随到”的概念从虚拟变成现实，消费者自然对服务的速度和效率提出了更高的要求，对旅游服务亦是如此。

3. 人与人的连接应成为旅行服务关注的重点

随着市场细分越来越明显，小众市场不断涌现、获客成本不断攀升，服务好顾客只是旅行服务商应做到的最基本的层面，如何维系并运营好顾客，有效地管理其全生命周期价值，是旅行服务商应思考的重要问题。Travel Technology Europe 调查显示，尽管在后台运营、在线旅游和酒店业技术提升方面面临着严峻挑战，但以提升消费者体验为核心的技术仍是大多数企业技术支出预算的重要部分。2018 年新技术支出的最大领域集中在内容营销、支付和面向客户的体验。在旅游服务方面，旅行服务商正在尝试突破与创新。越来越多的企业加速开拓线下门店、在业务模型中设置专属客户经理和管家、尝试以社群运营的方式来管理客户，目的就在于提升用户黏性和忠诚度。在理性化的商业创新与技术革新之外，基于人的服务和沟通交流是旅行服务业的最突出的特点之一。人与人的情感连接是在产品和服务基础上产生的价值，是一种更深层次的关联，也是现代商业文明中体现人文关怀和柔性的一面。尤其在旅游服务中，情感的交流与联结是构成旅行服务商核心竞争力的关键。与此同时，不断变化的游客需求也呼唤有温度、有品质、有保障的旅行服务。当基础需求被满足后，游客呼唤着有温度的、深具人文关怀的深度服务。旅游是以人与人之间的直接接触为服务传递的方式，旅游服务过程中形成的服务人员与游客的情感关系，是一种超越纯粹商业关系的更高级别的关系，具有更高的信任度和忠诚度。导游和领队等一线服务人员通过自身的优质服务，使游客对其产生信任、情感与黏性，进而成为独立的个人品牌，就如同独立制片人、独立设计师一样成为客户心目中的那个对的人。除了工作在一线的旅游服务人员以外，一些旅游达人、网红等通过直播、公众号、社群运营、粉丝群等多种方式建立自己的品牌，“两微一抖”、直播平台、社群运营、BBS 论坛等产生了大量旅游 KOL（关键意见领域），个人品牌型的旅行社成了这些社群运营的流量出口。

（三）旅行服务业发展建议

1. 更宏观的资源视野，更开放的整合平台

为满足日益细分的需求，势必要求连接更多的单体资源供应商，然而游客不可能独自面对所有的资源商进行分别交易，这就要求作为居间方的旅行服务机构不仅要能够连接更多的单体资源，还要有良好的现代化的资源整合能力。碎片化产品也存在不容忽视的弊端：产品供应商杂乱、缺乏统一的标准、目的地技术不发达等。这些缺点降低了碎片化旅游的理想程度，需要探讨如何设立市场准入机制、强化资源、发展技术、提升体验，甚至对于有条件的资源还需要做出规模。从结果上看，旅行服务商能够提供更多的产品品类，但这种能力更多考验的是后台对 B 端资源的整合能力。对大量碎片化资源整合的同时，对其进行管控和监管也是保证服务质量的重要环节，因而制定科学的准入和监管机制至关重要。

2. 更短、更柔、更高效的数字化供应链建设

游客对效率理性的追求，势必需要服务供给有更快的响应速度，也势必要求服务链条变得更短、更高效。全球 DTC（Direct to Consumer，直接接触消费者）浪潮正在对旅游业产生影响，直客模式或是旅游链条上诸多类节点企业的未来选择。

从美国到中国，以 DTC 为新型商业模式的新锐品牌正在崛起，它们去中间商，以终端消费者为目标，以更低价格、更高质量接近消费者；它们更关注消费行为、更重视消费者生活形态，把握着多种运营优势，正在成为一种强大的新生市场力量，冲击颠覆着传统"间接品牌经济"。DTC 正在以一种全新的商业思维方式——多接触点、消费互联和新营销技术，更广泛地影响着传统企业的业务经营战略，重塑全新的产业与市场生态格局。DTC 有着天然的互联网基因，不同于传统的旅游产业层层分销的产品和服务体系，DTC 让这个链条变得极短。每个企业不仅可以作为别人价值链的一环提供产品服务，更可以自成一体，成为一个销售中心，以消费者为终端进行生产、销售、营销传播、零售、售后服务和体验等活动。

数字化转型中重构的供应链体系正成为决定行业效率和企业竞争力的核心焦点。数字化对于供给侧的初级变革更多体现为人和线下流程的上网过程，其特征是以人和人设计的流程来驱动系统和业务本身；而当前的数字化战略对于供给侧的改造已进入数据智能阶段，其逻辑是以数据来驱动人和业务。以定制游为代表的服务模式正是基于更短、更智能的供应链才得以降低成本走向大众。旅游业细分市场的崛起和大众型产品的需求下降，要求供给侧有前所未有的服务能力，而数字化新型供应链的发展，正是未来服务细分市场的基础和全新模式。不同细分市场的要求不同，只有基于柔性智能的供应链体系才可能实现及时交付。

3. 从“服务顾客”到“运营顾客”

从目前来看，游客对企业的黏性还显不足，这要求旅行服务商从一次性“服务顾客”学会如何“运营顾客”，市场主体在私域流量和付费会员方面的尝试，正印证了这个趋势。顾客服务要实现从顾客接待向顾客运营转变，同时战略层面也要实现考核导向与指标的调整。过去，企业对服务的考核更偏重于接待过程，如途牛随往以游客满意作为核心指标，这种模式下，各级管理人员更多仍然着力于持续提高每次客户接待的指标。未来，在客户运营理念导向下，除了以单次接待的满意度为核心指标外，可突破以“每次接待”为单元的考量，转到以“每个客户”为关注颗粒度，引入服务净推荐值（NPS）、转化率等指标来考核运营客户的能力。NPS 可体现游客对于旅游服务的综合评价，转化率体现旅游服务商将服务转化为价值的能力。旅游服务人员以及旅游服务是旅游产品中最独特和难以复制的要素，旅行服务商通过考核指标的调整，激励旅游服务人员提升服务质量，关注每一个游客，建立游客与旅游服务人员之间的情感信任，才能提升游客与企业之间的黏性。

四、旅游景区发展

过去的一年，旅游经济继续以高于 GDP 的增速较快增长，主客共享的美好生活不仅是人民的需求，更成为旅游消费新动能。景区在文旅融合方面取得新进展，游客景区观光游需求上升，门票下降依然是大势所趋，文化类景区持续升温，夜间游成为拉伸景区产业链的新抓手。

（一）发展状况及形势

1. 国有景区门票降价任重道远

2018 年政府工作报告发布以来，依据《国家发展改革委关于完善国有景区门票价格形成机制降低重点国有景区门票价格的指导意见》（发改价格〔2018〕951 号），积极开展工作，降低重点国有景区门票价格取得阶段性成效，但从总体看，降价景区范围仍然偏小，部分地方落实降价措施力度不够，价格形成机制和成本监审制度建设刚刚起步，人民群众获得感、幸福感不足。为此，发改委于 2019 年 3 月再次发布《关于持续深入推进降低重点国有景区门票价格工作的通知》，接下来将推进更大范围降价、更大力度降价，包括加强对交通车、缆车、游船、停车等服务价格监管，以减轻游客在景区游览的全程费用问题。

2. 文化类景区持续升温，文化活动参与热情高

根据文化和旅游部数据中心数据表明，过去的一年，随着文旅融合的大趋势越来越明显，非遗、自然遗产旅游深度融合的体验活动持续走热，文化展演、博物馆以及主打文化 IP 的景区逐渐赢得游客喜爱。

2019 年春节期间，参观博物馆、美术馆、图书馆和科技馆、历史文化街区的游客占比分别达 40.5%、44.2%、40.6% 和 18.4%，观看各类文化演出的游客占比达到 34.8%。且春节期间，游客在文化游览方面的人均花费多在 501~1000 元，占比达 41.25%；花费 301~500 元的次之，占比 38.28%。春节期间全国剧院演出在线购票同比增长 23.5%。

2019 年清明节假日期间，以博物馆、文化遗产及小镇、宗教祈福、民俗风情等为代表的民俗文化游走热。调查显示，参观博物馆、美术馆、图书馆、科技馆和历史文化街区的受访者分别高达 54.33%、32.36%、38.24%、37.23% 和 42.91%。

2019 年“五一”期间，参观博物馆、美术馆、图书馆、科技馆和历史文化街区的游客比例分别达 44.5%、30.4%、32.4%、36.4% 和 30.6%，全网主题公园、人文景观和博物馆类景区在线购票分别同比增长 28.1%、25.2% 和 18.1%。

3. 红色旅游彰显时代魅力

红色旅游景区参观学习活动明显增多，半数以上的研学旅游包含红色旅游

目的地，或者融入了红色文化元素。年轻人对红色文化认同感增强。年轻人在游客群体中开始占据多数，游客结构在悄然年轻化。红色旅游景区与文化、创意和科技的融合创新对年轻游客形成了较强的吸引力。“80后”“90后”“00后”逐渐成为红色旅游的中坚力量，“80后”父母携带“10后”子女到访红色旅游胜地成为一大亮点。红色旅游品质受关注，游客对特色鲜明、文化主题较为突出的景区更感兴趣，与自然风光、休闲度假融合紧密的红色旅游目的地热度高。“红色旅游+影视+乡村旅游”、研学旅游、“观光度假+红色旅游”、深度体验等新模式带动了红色文化传播。红色旅游产品创新加速。沉浸式体验等创新模式受欢迎，已经形成了一批“红色旅游+”、特色教育培训品牌、红色影视基地等旅游产品。

4. 夜间旅游潜力巨大

据中国旅游研究院研究，随着旅游消费的日益多元和旅游供给的提质挖潜，加上全国各地频频出台促进夜间经济发展的政策文件，夜间旅游正吸引着来自产学研各界越来越多的关注。夜间旅游作为满足人们对美好生活的向往、拉动旅游消费、推动供给侧改革和丰富深度文化体验的重要途径，将为旅游经济的持续健康发展提供新的动能。夜间旅游已成为旅游目的地夜间消费市场的重要组成部分。

夜间旅游参与度高、消费旺；夜游消费潜力巨大，人均体验两晚；夜游需求日益多元，文化体验为重要组成；夜游市场品质可控，七成游客仍期待提升；中青年情侣、家庭夜游占主流，18~22点为黄金4小时；夜间旅游供不应求，旅游投资蓄势待发。

目前以情侣出游、家庭亲子出游为主要消费主体的夜间旅游市场需求旺盛，但受到安全问题、交通条件、产品丰富程度等条件制约，旅游企业的夜游产品供给在品类、品质、投资力度等方面仍有较大的提升空间。预计未来旅游企业将有更多的热情和资源投入夜间旅游市场，企业、政府和社会共同努力提高夜间旅游服务质量，不断提升游客夜间体验，不断满足广大人民对于美好假日旅游和美好生活的需求。

（二）旅游景区发展趋势

1. 观光旅游仍将是基础市场，度假游呈现出与观光游融合发展的趋势

目前有一个论调：旅游已经从观光往休闲转了。那么转到哪儿去了？在可以预见的未来，观光旅游依然并仍将是我们的基础市场，否则我们的宏观决策就会出问题，企业引导也会出问题。有一部分人出去旅游，坐飞机头等舱，吃米其林餐厅，住五星级酒店，追求人少的体验感和舒适感。可大部分人，如一些上了岁数的老年人，去一些景区景点，依然喜欢人多热闹的地方，喜欢价格低廉的商品，如成都宽窄巷子、青羊宫，转半天，买几双10块钱的鞋子。这就是中国的基础消费，是我们产业的基础，也应该是我们创新的空间。另外，即使是休闲旅游，也是要好的去处，有美丽的风景看看，从这个角度来看，休闲游也是以观光游为基础的。因此，观光游是基础，并不妨碍休闲度假游的量质齐升，发展休闲度假不是简单地从观光游向休闲度假游过渡，休闲度假游和观光游也并非非此即彼、互相割裂。未来休闲度假游和观光游将进一步融合与转化，相互叠加成为复合型旅游产品。观光游为主的景区，可以通过丰富产业、产品业态增加休闲功能，提升服务质量，成为休闲度假目的地，分享休闲度假的发展红利。

2. 未来景区的蓝海是面向游客，面向日常生活，实现主客共享

大众旅游时代到来以后，特别是文旅融合时代以后，横亘在本地城乡居民休闲和外来游客体验之间的这堵墙倒塌了，只有抓住游客的需求，立足于日常的生活，打通主客共享的桥梁，才能立于不败之地。过去是资源驱动，现在是需求驱动。过去是我有什么东西，我给你；现在是我要摸准你的需求，我来给你个东西，让你觉得，这是我想要的东西。这就是从供给侧满足游客的需求，你想要什么，我给你。

我们的旅游越来越回归到日常生活，因为广大老百姓的旅游消费基础仍然处于初级阶段。2019年“五一”假日期间全国国内旅游接待总人数1.95亿人次，按可比口径增长13.7%；实现旅游收入1176.7亿元，按可比口径增长16.1%，但人均才600多元。我们的消费实际上是靠广大老百姓的总量消费推动起来的。同样的，对一个城市来说，看旅游的总消费和总人次都足够高，但平均到每个游客消费就低了。但如果能够把我们的视野放大到日常生活，放大到主客共享空间来看，当地人一年365天的惯常生活和消费，这个巨大的空间是我们必须充分重视的。

只要离开了惯常环境，在异国他乡的所有行为都是旅游产业能包容进来的，可以是兰蔻化妆品，可以是银联，也可以是哈啰单车。很简单，人在家里要吃喝拉撒，在外面也一样要吃喝拉撒。只有回到生活的本身来，才能找到我们的重点。在文旅融合时代，强调共性的多了。共性多对我们来说，是个好处。市场过去是一轮的，现在是两个轮驱动到一起，市场就厚了。

3. 未来景区产品开发的指导思想是“小即是美”

未来一段时期，迪士尼、环球影城这些大型的主题公园还有机会，但客观地来讲对一些中小企业是没机会了。即便如万达这样的巨无霸企业，依然要靠房地产来带动整体利润。未来的增长空间，在一些小而美的与生活场景密切结合的景区景点或者旅游产品上，如M&M`s上海旗舰店，如社区图书馆、游乐场所等。过去我们总希望搞一个宏大的工程给领导看，现在越往日常生活去走，往基层走，需求量才会越大。小即是美，可能会变成我们旅游产品开发的指导思想，这也是回归日常生活。

（二）旅游景区发展建议

1. 加强数据分析和理论抽象，创新和完善当代景区发展理论

没有实践支撑的理论是空洞的，而没有理论指导的实践则是盲目的。从强调旅游目的地商业环境、公共服务和品质获得感的“景观之上是生活”，到“旅游目的地是生活环境的总和”“既要美丽风景，也要美好生活”，再到培育旅游发展新动能的“美好生活是优质旅游新动力”“从旅游景区到旅游吸引物”等发展理念，这些源于实践、尊重市场的当代旅游思想得到了地方政府和旅游业界越来越多的理论认可和实践呼应。但目前，景区理论界的研究还相对较多地停留在表层的关注上，除了少数人的鼓与呼，学界和产业界缺少相辅相成、相得益彰的进步。从某种意义上来说，这也是我们的一种文化，一种缺了文化自信的文化。究其原因，我们缺的并不是勇于创新的头脑，也不是敢为天下先的理念，更不是肯吃苦耐劳的心志，而是在于缺乏理论的学习和沉淀，缺乏“文之大者为国为民”的精神塑造，缺乏文旅融合发展所必需的耐心和沉静。没有长远的理论指导，就只能陷入短视的泥沼。未来，迫切需要面向新时代的理论创新和实践探索，需要主管部门基于文化与旅游、理论与实践的双重角度来推动学界、业界包括学术共同体在内的多方力量来创新和完善当代旅游景区发展理论。

2. 系统梳理政府与市场、行政与商业的边界，推进旅游景区管理体制改革和治理机制创新

在旅游行政主管部门的系统推动和景区分等定级，特别是高等级旅游景区创建的大力推动下，景区一直保持了内涵不断丰富、外延持续扩展的高速增长态势。当前我们要重点思考的问题是，如何基于"分类优先于分级"原则，让公益的归公益，市场的归市场。博物馆、美术馆、文化遗产地、非物质文化遗产传承与保护区、城市园林和社区休闲文化场所要回归其公共文化属性，扩大财政投入，完善公共服务，尽可能免费向公众开放。以购物、娱乐、餐饮为主要功能的空间，特别是商业街区和主题公园则应让其回归商业属性，由供求规律和市场竞争去决定投资、运营和价格。依托国家公园、国家文化公园、地质公园，能够也可以提供浏览功能的国土空间，应通过多规合一的规划体制和管理体制创新，去承担同时满足广大游客对美丽风景和美好生活的双重需要。旅游行政主管部门要在旅游吸引物和资源普查的基础上，尽快出台旅游景区分类标准，提出生产安全、意识形态底线和游客权益保障的准入要求，至于什么样的景区才是高质量的景区，以及如何提升景区的服务品质，则由市场去选择和配置。可能会有人对此不理解，可能会有一时一地的无所适从，甚至有人会反对甚至反抗，但是我们不能因为这些可能的阻力就不改革、不发展。同时，对新时代的文化创意、文旅融合，特别是商业模式的创新，旅游主管部门要秉持着包容式的监管理念去对待，要用激励的方式去推动产业进步，去鼓励一切面向未来的创新。

3. 发挥旅游景区协会和学术共同体的作用

国务院机构改革以后，行政管理的体制更加多元、更加复杂，自然资源部、国家林业和草原局、农业农林部等各部门，都在强调各自职能范围内对旅游方面的管理和发展，旅游的发展有其自身的规律和特点，更需要整合的意识和平台，推动行业共同努力，行业协会则是其中一个很重要的力量，亟待发挥出更重要的作用。对走向市场不久的行业协会来说，空间很大，旅游景区协会需要在已有的基础上，进一步团结会员，在非行政的领域中间，建立中国旅游景区协会的话语权。旅游景区协会要真正实现其宗旨，获得会员发自内心的认同和行业的认可，不是简单地作为一个“二政府”来靠行政的力量开展活动，而是需要关注旅游商业共同体、旅游行政共同体、旅游学术共同体的建设，培育所在领域和行业的共同价值观，持续强化平台建设、思想建设和内容创新，不断提高为会员服务的专业能力与工作效率。

五、旅游新业态

（一）旅游新业态发展状况与形势

2018 年 12 月，文化和旅游部发布《关于提升假日及高峰期旅游供给品质的指导意见》，提出完善供给体系，加大旅游新业态建设，着力开发文化体验游、乡村民宿游、休闲度假游、生态和谐游、城市购物游、工业遗产游、研学知识游、红色教育游、康养体育游、邮轮游艇游、自驾车房车游等旅游新业态。

2019 年旅游经济平稳运行，旅游经济运行综合指数处于“相对景气”水平，群众参与度和获得感稳步提升。随着供给侧改革的不断深化，新业态、新产品、新服务不断涌现，旅游供给侧创新不断，且表现出更多主动作为和市场创新。夜间旅游、定制旅游和文化体验游成为 2019 年旅游新业态、发展新亮点，冰雪旅游、避暑旅游、沉浸式旅游等掀起发展高潮，红色旅游社会经济效应不断释放，邮轮旅游逐步回归常态。

1. 夜间旅游方兴未艾

夜间旅游加速成长、方兴未艾。2019 年是夜间旅游快速发展的一年，截至 10 月，全国发布夜间经济、夜间旅游相关政策规划城市共 40 多家。对于 2019 年中国夜间经济供给侧总体特征表现为：门票经济持续弱化，高星产品相对稀缺。据银联商务数据显示，2019 年 1~9 月国内夜间总体消费金额、笔数分别达全日消费量的 26.81%、23.80%，其中游客占比近三成。景区夜游产品三年来持续高速增长，“夜经济城市”3A 级以上景区夜间开放超三成。2019 年暑期，携程跟团游、门票、一日游的夜间产品预定增量更是超过 100%。中国旅游研究院与美团综合数据显示，夜间营业商户占比达 92%，而高星评价商户占比较低；北京、上海、深圳、杭州夜间商户人均消费领跑全国。供需不匹配，文化场景夜游需求强烈、文化休闲为需求蓝海，城市夜游布局缺乏充分市场调研和科学规划。中国旅游研究院夜间经济调查数据显示，我国的夜间经济消费品类中，餐饮消费占比超七成，逛公园、逛夜市、逛街“三逛”领衔户外夜间休闲活动；虚拟空间休闲活动已成为重要组成部分，现已渗透至各个年龄层，且男性比女性更为喜爱。

近五年旅游演艺市场持续走高，但增速明显放缓，2018—2019 年沉浸式演艺呈“井喷式”增长。沉浸式数字艺术演艺和沉浸式数字艺术戏剧等产品类型丰富，其应用场景也从城市转战旅游景区，这种新兴产品落地处往往会成为“网红打卡地”。沉浸式演艺利用“旅游”+“科技”的方式，将数字艺术的魅力发挥到了极致；不同于实景演艺与主题公园演艺，轻剧情、重场景体验，同时满足游客艺术与体验的双重需求也正是其短时间内爆发式增长的一个重要原因。

2. 避暑和冰雪旅游站上投资风口

各地正掀起冰雪旅游发展的高潮，正在成为市场消费热点，正在成为产业投资风口。拥有丰富冰雪旅游资源的吉林、黑龙江、新疆、内蒙古、河北等地区正在成为我国旅游业新的增长极。在冬奥会的带领下，已有超过 30 个城市出台了冰雪旅游专项规划或涉及冰雪旅游的意见、专项规划。但是，我国冰雪旅游发展重视冰雪运动不重视冰雪消费；重视高端冰雪产品不重视冰雪普及；重视冰雪项目本身不重视冰雪产业链延伸。我国在推动冰雪运动特别是奥运冰雪竞技方面投入了大量的人力、物力、财力，政策及设施场地支持，但是在创建冰雪消费品牌、培育冰雪消费习惯、完善冰雪旅游商业设施、创新冰雪产业业态方面缺乏顶层设计，冰雪消费的巨大潜能有待释放。

避暑旅游已走入百姓日常生活，成为旅游消费新热点和发展新动能。2019 年避暑旅游市场需求又进一步增加，传统“火炉城市”计划暑期出游的受访者占比达 93.66%，较 2018 年又高出约 10 个百分点。每年夏季超过 3 亿的老年市场、学生（家庭）及教师市场及高温城市市场，为避暑旅游奠定了坚实的市场基础。从监测来看，2019 年 7 月主要景区经济指标大幅增快，实现 50% 以上增长。中央和各部门的高度关注、地方政府的部署推动、企业积极响应推动着避暑旅游的快速发展。同时避暑旅游还成为一些地区旅游发展、农民脱贫致富和乡村振兴的新动能。避暑旅游供给的结构性矛盾依然突出，面向大众避暑旅游需求的供给不足。全国层面的品牌化、专业化的市场主体、平台及相关联的产业生态圈尚未显现，具有示范意义的品牌避暑项目还未形成，避暑旅游产业的综合效益还没有发挥出来。

3. 定制化旅游、文化旅游成为潮流

个性化和碎片化的需求凸显，让定制成为日渐流行的旅行服务供给模式。无论是完全从游客需求出发的纯定制产品，还是精准定位于某类群体的泛定制产品，如探险、瑜伽、美食等主题产品，都广受市场欢迎。定制旅行已经成为市场主体促进旅游业高质量发展的成功探索和有效路径。在市场主体的共同努力下，定制旅行正是从消费者主权出发，依托旅行商的专业化运营，在分众和分层基础上为旅游者提供品质服务的商业模式。携程 C+ 定制师培训项目、鸿鹄逸游以及凯撒“定制美好旅行生活”都是对定制旅行这一商业模式的探索。

文化体验游发展火爆，文化场景消费、文化节事活动需求旺盛。以文化和旅游融合为代表的“旅游 +”和“+ 旅游”，以及旅游要素多样组合与升级的旅游产品成为文化体验游养成的基本出发点。博物馆、美术馆、文化馆和科技馆的展陈、活动和文创成为游客追捧的热点。

2019 年，红色旅游景区与文化、创意和科技的融合创新，增强了游客的新引力、参与性和体验感。以传统历史文化为核心的红色旅游景区逐渐成为年轻人出游的时尚选择，年轻人对景点背后所蕴藏的历史内涵高度关注。红色旅游的社会效益加速彰显，扶贫效果显著且就业带动能力突出。城市客群增长缓慢、投融资渠道单一、国际推广不足、体验感和时代感有落差等问题不利于红色旅游长期稳定发展。

邮轮旅游去虚火变务实，逐步回归常态。2018 年我国接待邮轮同比下降 8% 左右，接待邮轮旅游者同比下降 1%，这是我国邮轮旅游发展 13 年来首次出现负增长。2019 年以中国为母港的邮轮数将从 2018 年的 16 艘减少到 14 艘。我国邮轮旅游发展正在去除虚火变得更加务实。

（二）旅游新业态发展趋势

夜间旅游，未来一段时间内仍将以夜间餐饮主导，夜游产品将逐渐丰富、产业链将不断延伸。当然，夜游不只是夜市和灯光秀，城市夜景观光和景区夜游依然是需求主旋律，比起街区夜游和夜市 / 美食街，为适应游客需求，夜间节事活动和文化场馆夜游将会成为新的增长极。定制旅行走向大众且继续向低线城市渗透，进入“弯道超车”阶段。2012 年以前，受市场发展阶段、定价、人效比等因素制约，定制旅行更多服务于高端市场。但是，随着六人游、无二之旅、指南猫等定位大众且重视技术研发的企业相继创立，以及携程、同程等平台定制事业部的设立，定制旅行从高端小众走进大众视野，在 2016 年后加速走向规模定制时代并不断从高线向低线城市渗透。从携程定制平台的订单数据来看，二线城市的订单占比（42%）已超过一线城市（36%）。技术变革和人口红利支撑下，依靠市场主体的不断探索，我国定制旅行市场正进入“弯道超车”的阶段，走出一条有中国特色的定制旅行之路。

未来两年冰雪旅游将持续呈爆发式增长。按照各省冰雪产业规划和旅游业发展实际，预计到 2021~2022 冰雪季，我国冰雪旅游人数将达到 3.4 亿人次，冰雪收入将达到 6800 亿元，“三亿人参与冰雪运动”目标将超额完成。避暑旅游跨界融合趋势明显，与康养旅游、夜间旅游、旅居地产等业态和分众市场结合的、面向大众的避暑旅游产品将不断涌现。沉浸式演艺的高投资、低复游特点，限制了使其可持续发展，未来两年发展速度将放缓。沉浸式演艺的重场景体验，使其成为一个重资本的行业，导致落地后更新迭代速度相对较慢。同时，国内大部分的沉浸式演艺正朝着一种高审美、重体验、轻剧情的模式发展，但过度强调绚丽的科技与高度的审美，忽略了剧情的加持，导致内容的单薄与稀缺使游客记忆点不深。老故事缺少新方式，红色旅游出现吸引力相对性下降迹象；作为准公共物品供给缺少商业逻辑，社会共同参与红色旅游的格局没有形成。邮轮旅游进入新旧动能转换期，转变动能高品质发展是未来主题。以旅行社包销模式为主的我国邮轮产业市场渗透率（0.15%）远低于北美（3.2%）和欧洲（2.0%），分销渠道既窄又长，严重影响服务质量，邮轮产业发展亟须构建新动力。

（三）旅游新业态发展对策

基于新经济增长理论和对旅游业创新的实践观察，将旅游业创新驱动模式归结为旅游业创新驱动的“新钻石模型”。新技术、资本、企业家能力是驱动旅游业态创新发展的内生因素，市场需求、制度因素则是旅游业态创新的两个全局性影响因素，两者会对技术、资本和企业家能力等都产生影响，五种力量共同驱动旅游新业态发展。总体来看，以科技创新为核心，以文化创新为导向，以共享共商共创为理念，以游客满意度、获得感及其旅游品质化消费诉求为引领，以信息科技和大数据为支撑，带动和推动企业产品研发和旅游业态创新，发挥市场主体作用。具体到各个新业态来看：

1. 夜间旅游高质量发展要提到战略高度

2020年夜间旅游高质量发展坚持战略营造、理论先行、政策保障、消费主体培育的发展思路不动摇。在战略营造上，借助节事庆典引流的同时，逐步实现夜休闲、夜游项目创新和品牌化、常态化发展。理论上要以大数据与科学规划为支撑，为科技、艺术、教育多领域发展提供智力支持。政府及主管部门应从思想上重视夜间经济，切实保障与协调夜间安全、交通应急设施、公共服务、休闲时间等政策的实施。坚持资本渠道多元化的理念，充分发挥市场作用，扩大市场主体、丰富夜间休闲与旅游产品品类。夜间旅游高质量发展需满足人民美好生活新需求，适配夜间旅游“老三样、新三样、再三样”。“老三样”即为夜市、演艺、景区。夜市是夜间高频消费场所以及夜游行程的必选方案，而城市夜景观光和景区夜游依然是游客夜游主旋律，同时参与性强、价格合理的夜间演艺是游客一个重要诉求。“新三样”是指节事、场馆、街区。其中，夜间节事是文化新载体以及城市新名片，文化场馆是城市新的风景线，街区是高频消费区与新晋网红地。“再三样”为书店、古镇、乡村。书店承载了城市夜间休闲新功能，而古镇及乡村可打造成为未来夜游新去处。

演艺产品可组合式业态发展，满足游客多元化需求。演艺产品可组合式业态发展也能短期内解决沉浸式演艺内容单薄、剧情稀缺的问题，可借助实景演艺与主题公园演艺强的强剧情，实现优势互补、产业联动。长期来看，沉浸式演艺这一产品的可持续发展仍需更深层次的文化、艺术、旅游、科技的融合，文化给沉浸式以内容、艺术给沉浸式以审美、科技与旅游给沉浸式以展示。

2. 避暑和冰雪旅游要进一步提升产品竞争力

要进一步提升避暑旅游战略地位，壮大避暑经济、气候经济。推动避暑旅游与研学、康养、夜间等融合发展，积极推动避暑旅居地产、避暑康养、避暑装备制造的发展，做大做全产业链。引导培育、合理监管多元的避暑旅游市场主体。一方面要加快培育市场主体，构建产业生态圈；另一方面要引导避暑旅游关联企业，开展针对市场细分和有效需求的数据挖掘和商业分析服务。

2020年，冰雪旅游应以产业政策创新引领高质量发展；搭建国际交流合作平台，增强冰雪旅游国际竞争力。以2022年北京冬奥会为契机，指导地方推出一批冰雪旅游的专项规划，打造一批冰雪旅游目的地品牌、冰雪旅游精品线路和冰雪旅游经典景区。同时，将冰雪旅游作为国际旅游推广的年度主题，推动入境旅游发展，面向东北亚、欧洲、美国等形成国际交流和平台机制。

3. 定制旅游、文化旅游需进一步凸显个性化

红色旅游产品要注重加强游客的现场体验感和时代感。发展红色旅游要进一步深化新时代红色旅游的理论体系，尊重市场规律、重视数据支撑。发挥市场在红色资源配置中的基础性作用，弥补红色资源过度公共物品属性导致的供给效率不足。

定制旅行的发展需要更广泛的社会共识，需要进一步发挥市场主体的作用。不能把定制旅行与大众旅游对立起来，团队旅游也有高端产品，定制旅行也有大众市场。同时定制旅行需要市场主体对目的地资源的进一步深入挖掘、将大量文化资源转化为旅游产品。定制旅行需要更多的企业标准、更多的产品品牌、更权威的第三方评价。

邮轮旅游发展需有效释放需求，理性引导产业；加强目的地建设，做大入境旅游。政府应出台措施逐步增加邮轮旅游产品的直销比重，支持扩大邮轮船票销售渠道，研究推动多样化销售模式的转变。提升邮轮旅游智慧化水平，鼓励邮轮港口、邮轮企业、旅行社等建立邮轮综合信息网络。鼓励沿海城市基于港口建立完善的邮轮经济、合理空间布局，完善产业链条。破除邮轮发展“定位攀高、规划求高、指标虚高”的“三高”症状，建设经济、实用和便利的邮轮港口；同时充实邮轮港口的旅游功能，提升配套购物、餐饮、娱乐、休闲、船员休息等服务功能，为游客和消费者提供良好的旅游、休闲生活环境。加快邮轮建造及配套装备产业发展，争取引入邮轮企业培育总部经济。同时，邮轮入境旅游亟待实现突破，提升中国邮轮入境旅游吸引力，建设中国邮轮旅游目的地，形成全球邮轮经济版图上的新亮点。

第四章

旅游公共服务发展现状与展望

深入贯彻落实习近平总书记关于公共文化服务和“厕所革命”重要论述精神，推动基本公共文化服务标准化、均等化，旅游公共服务转型升级，提供人民满意的文旅服务成为贯穿 2019 年我国旅游公共服务建设的主线。今年以来，全国文化和旅游系统以转型升级、提质增效为主题，牢牢抓住广大游客最关注、最迫切的现实问题，深入推动旅游公共服务供给侧改革，大力提升旅游公共服务品质。

一、2019 年我国旅游公共服务发展现状

（一）智能化技术助推“旅游厕所革命”

为贯彻落实习近平总书记关于“厕所革命”的重要批示精神，文化和旅游部将旅游厕所工作作为基础工程、文明工程、民生工程来抓。2019 年是实施《全国旅游厕所建设管理新三年行动计划（2018~2020）》的第二年。根据统计，截至 2019 年 12 月 24 日全国共建成旅游厕所 2.23 万座。随着厕所革命在全国广泛铺开，通过引入新技术手段，提高旅游公共服务能力和管理水平的做法日趋普遍。年初，文化和旅游部与百度地图合作，启动了旅游厕所电子地图上线工作，在北京、天津、上海等地开展旅游厕所电子地图上线工作试点，推动解决广大游客找厕难问题。根据统计，上线厕所 9.8 万座，已经覆盖全国 32 个省区市。其中，上海已经实现了 100% 旅游厕所上线全覆盖，四川达到 99.23%，北京、天津、河北、陕西等多地标注率超过 90%。旅游厕所电子地图不仅给普通游客带来便利，而且激发了文旅系统公共服务效能的提升。文化和旅游部部长雒树刚指出，信息公开透明便于接受群众监督，进一步倒逼旅游厕所管理和服务水平不断提升。同步推进全国旅游厕所管理系统的完善工作。各地对 2015 年以来旅游厕所存量数据进行了核实和修订，优化和改进了系统管理流程，提

高了数据准确性和系统管理效率。继续加强旅游厕所标准化建设及培训。文化和旅游部启动《旅游厕所质量等级的划分与评定》国家标准修订工作，召开全国公共文化领域重点改革任务暨旅游厕所革命工作现场推进会，总结、交流和推广了地方推进旅游厕所革命的特色做法和典型经验，分析形式，明确任务，对按时完成新三年行动计划进行了再动员、再部署。

（二）政策创新推动旅游高质量发展

为解决影响广大游客旅游体验的重点问题和主要矛盾，文化和旅游部向全行业印发《关于实施旅游服务质量提升计划的指导意见》，对进一步提高旅游管理服务水平、提升旅游品质、推动旅游业高质量发展做出部署。全国各地积极开展贯彻文件的落实工作。湖北、湖南、福建、重庆、吉林、陕西等地相继出台地方层面旅游服务质量提升方案。2019 年上半年，文化和旅游部印发了《国家全域旅游示范区验收、认定和管理实施办法（试行）》《国家全域旅游示范区验收标准（试行）》和《国家全域旅游示范区验收工作手册》，进一步规范国家全域旅游示范区验收、认定和管理工作，并据此启动国家全域旅游示范区验收工作。首批国家全域旅游示范区名单发布，入选的示范区遍布全国 31 个省区市及新疆生产建设兵团，共 71 家。下半年，国务院办公厅印发《关于进一步激发文化和旅游消费潜力的意见》，提出包括推出消费惠民措施、提高消费便捷程度、提升入境旅游环境、推进消费试点示范、着力丰富产品供给、推动旅游景区提质扩容、发展假日和夜间经济、促进产业融合发展、严格市场监管执法 9 项政策举措。为贯彻落实党中央、国务院关于促进文化和旅游融合、全域旅游发展的决策部署，规范旅游市场秩序，促进旅游业持续健康发展，各地相继发布了具有当地特色的旅游政策。全国各地加快政策供给。旅游业改革方面，如北京市发布《北京市文化旅游领域开放改革三年行动计划》，天津市出台《天津市促进旅游业发展两年行动计划（2019~2020 年）》，厦门市出台《厦门经济特区旅游条例》。冬季旅游供给侧改革方面，辽宁制定实施《关于推进辽宁省冰雪经济发展的实施方案》，黑龙江出台《关于进一步加快冬季旅游发展的指导意见》。“旅游 +”方面，福建省出台《关于加快推进我省工业旅游发展的意见》。文化和旅游部、中国农业银行联合印发《关于金融支持全国乡村旅游重点村建设的通知》。农行未来 5 年内将提供 1000 亿元意向性信用额度，用于支持乡村旅游重点村的旅游开发推进新时代乡村旅游高质量发展。各地政府积极响应并践行相关工作。河北大力实施休闲农业与乡村旅游精品工程。浙江省"万村景区化"工作开展两年来，任务已经完成过半。福建省首批"金牌旅游村"宣传对象名单发布，全省共有 30 个村入选。

（三）旅游合作促进平台建设常态化

以文化和旅游的合力推动国际对话与合作。"上海合作组织：迈向命运共同体"暨 2019"一带一路"文化艺术交流合作国际学术研讨会在山西省太原举办。世界旅游联盟（WTA）在上海举办 2019"旅行休闲·幸福生活"主题论坛。"丝绸之路与元青花国际学术研讨会"在内蒙古举办。第八届东北亚旅游论坛在珲春市举办。加强重点领域的旅游区域合作。全国滑雪场联盟第一届全体成员会暨冰雪运动与营地教育发展论坛在吉林省吉林市举办。苏浙沪皖 12 个地市区宣传部门联合主办了"红色长三角文旅共同体：2019 年第二届长三角红色文化旅游论坛"。搭建国内外旅游界交流、交易的专业平台。如首届大运河文化旅游博览会、第八届北京国际旅游商品及旅游装备博览会、北京国际旅游博览会、第十四届黑龙江国际文化产业博览会、第八届中国苏州文化创意设计产业交易博览会、山东国际文物保护装备博览会、2019 中国旅游产业博览会、2019 浙江（江苏）旅游交易会、第 14 届中国义乌文化产品交易博览会、第 11 届中国国际旅游商品博览会。以产业联盟建设为地区文化和旅游产业提供资源共享平台和对接渠道。辽宁省旅游产业联盟、黑龙江博物馆协同发展联盟、吉林省文旅产业投资联盟以及江西省演出剧场联盟和江西省博物馆联盟相继成立。这种深度交流与合作，促进了供需对接和信息共享，实现了全产业链发展的共赢。

（四）大数据建设为智慧旅游提供新动能

旅游数据与文化服务数据整合融通，推动文化与旅游的深度融合。通过加强大数据分析与利用工作，为文化和旅游融合发展提供科学决策依据。国家层面，根据《文化和旅游部关于部重点实验室更名的通知》要求，原文化部重点实验室统一更名为文化和旅游部重点实验室，中国旅游研究院（文化和旅游部数据中心）旅游经济重点实验室在进行相应调整后，转为旅游经济文化和旅游部重点实验室。地方层面，文化和旅游部数据中心重庆分中心、河南分中心成立。行业层面，文化和旅游部数据中心 & 上海创图公共文化和休闲联合实验室挂牌。多地开展了旅游信息化和数字化的实践活动，旅游信息资源借助大数据应用，积极推进文化和旅游管理服务智慧化建设，取得了突出成就，实现了智慧旅游与信息资源的共建共享。第二届数字中国建设福州峰会成果展览会展出“互联网 + 中华文明”展览。展览运用人工智能、虚拟现实、大数据、交互展陈等技术，多方位展示了国家博物馆“数字虎鎣”、故宫博物院“绘真 · 妙笔千山”、敦煌研究院的“数字敦煌”、金沙遗址博物馆“再现金沙”、山西博物院精美雕刻艺术、福建省昙石山遗址博物馆的 VR“畅游遗址”等 20 余家文博单位的数字项目。国内首座省级文旅数字化综合体验展馆，山西文旅数字体验馆、山西智慧旅游云平台开馆。吉林省和安徽省就旅游大数据和智慧旅游公共服务平台开展培训班，进一步推动了旅游大数据开发应用和智慧化建设。

（五）旅游志愿服务和文明旅游制度化

文化和旅游志愿者工作稳步推进。文化和旅游部、中央文明办印发了《2019 年文化和旅游志愿服务工作方案》（以下简称《工作方案》），促进文化和旅游志愿服务制度化、规范化、常态化，进一步强化社会责任意识、奉献意识。根据《工作方案》，2019 年，文化和旅游志愿服务工作主要包括全国文化和旅游志愿服务行动计划、中西部农村文化志愿服务行动计划、农村未成年人文化志愿服务计划等。《工作方案》还对文化和旅游志愿服务工作的服务内容、实施方式及信息报送等方面工作提出明确要求。《2019 年全国基层文化和旅游公共服务队伍培训工作计划》的出台，进一步加强基层文化和旅游公共服务队伍培训工作，切实提高基层文化和旅游公共服务队伍素质能力，以适应新形势下文化和旅游事业发展需要。

旅游信用体系建设是文明旅游的制度保障。国家层面，文化和旅游部通过对严重违法失信市场主体及从业人员开展联合惩戒，形成了“黑名单 + 备忘录”的信用监管机制。文化和旅游部发布全国旅游市场黑名单的公告，对相关人员分别处以吊销所负责的旅行社业务经营许可证、吊销导游证，有效期为三年。地方层面开展了形式多样的举措。例如，福建省文化和旅游厅出台《全省文化和旅游市场信用体系建设实施意见》，明确到 2019 年年底，建立起省、市、县三级文化和旅游经营单位、个人信息库和较为全面的文化和旅游市场信用体系，建设文化和旅游市场守信激励失信惩戒机制，推进信用信息公开、共享和应用。黑龙江省在2019年旅游发展金首批资金中拨付100万元设立省级旅游诚信基金，并制定了《黑龙江省省级旅游诚信基金先行赔付管理办法（试行）》，用于省内跨区域或跨省旅游投诉的先行赔付，以维护黑龙江旅游市场秩序和广大游客的合法权益、树立良好地域形象。

（六）旅游消费惠民举措更多、力度更大

各地结合实际情况，制定实施景区门票减免、景区淡季免费开放、演出门票打折等政策。北京发行《2020 年北京博物馆通票》，汇集北京市 111 家博物馆、科普教育基地和文化旅游景点，覆盖历史、科技、艺术、文化场馆及旅游景点和免费开放博物馆五大类。安徽省出台《关于进一步减负增效纾困解难优化环境促进经济持续健康发展的若干意见》，提出再降低国有重点旅游景区门票价格。山东省持续推动曲阜三孔、烟台蓬莱阁、威海刘公岛等重点国有景区降价，济南五龙潭、淄博齐文化博物馆等景区免费开放。举办文化和旅游消费季、消费月，举办数字文旅消费体验等活动。吉林、浙江、安徽、山东济南和青岛等地相继开展了旅游消费季，将具有消费潜力的旅游商品作为切入点和突破口，打造具有本地特色的文旅消费品牌和活动，为居民和游客提供优质文旅产品及服务以及优厚的文化消费补贴政策。天津市举办了“天津市庆祝中华人民共和国成立 70 周年名家经典惠民演出季”，黑龙江举行了“书香中国，龙江读书月”的全民阅读活动。发行文化和旅游消费联名银行卡并给予特惠商户折扣、消费分期等用户权益。全国首张非遗传承人专属卡和首套北京非遗主题联名卡（1+7 系列）发布。全国滑雪场联盟“冰雪丝绸之路”联盟卡开售。厦门旅游年卡正式启用电子卡，实现在线申办及充值续费、景区预约和刷脸入园等功能。

（七）乡村旅游和旅游扶贫持续深化

聚焦全国乡村旅游重点村建设，推进新时代乡村旅游高质量发展。文化和旅游部、中国农业银行联合印发《关于金融支持全国乡村旅游重点村建设的通知》。农行未来 5 年内将提供 1000 亿元意向性信用额度，用于支持乡村旅游重

点村的旅游开发。各地政府积极响应并践行相关工作。河北大力实施休闲农业与乡村旅游精品工程。浙江省“万村景区化”工作开展两年来，任务已经完成过半。福建省首批“金牌旅游村”宣传对象名单发布，全省共有30个村入选。创新文化和旅游扶贫产业发展。山东省筹资1亿元支持发展乡村旅游和实施旅游精准扶贫。山西省举行“2019演艺进旅游扶贫示范村启动仪式”，并针对10个深度贫困县推出60余场高质量旅游演艺节目。吉林省文旅扶贫超市对外开放。江苏省举办“传承工艺匠心扶智”2019年度江苏省对口帮扶非遗创意研修班暨首届“见人、见物、见生活”苏、青、陕、贵非遗创作交流展。

二、我国旅游公共服务发展的新要求及趋势

（一）旅游公共服务有更高效能

中国特色社会主义进入新时代，社会主要矛盾已经转化为人民日益增长的美好生活需要和不平衡不充分的发展之间的矛盾。旅游业作为国务院确定的五大幸福产业之首，必然要承担起满足广大人民美好生活需求的功能。2020年我国旅游市场总规模亦将进一步扩大，食、住、行、游、购、娱和文、商、养、学、闲、情、奇旅游综合要素体系将进一步完善，作为旅游业发展的基础和支撑，旅游公共服务发展既迎来新的市场机遇，也面临严峻的挑战。全面构建结构完善、高效普惠、集约共享、便利可及、全域覆盖、标准规范的旅游公共服务体系，提升服务效能，以及民众幸福感和获得感，是缓解社会矛盾，缩小我国与世界旅游强国的差距，助推我国实现世界旅游强国之梦的重要方式。

（二）旅游公共服务供给更加多元化

城乡居民消费需求将不断扩大和升级，旅游已不仅仅是提升生活品质的附属品，而成为一种刚需，旅游公共服务设施与高速增长的旅游需求之间的全面协调有待进一步深化。人民对美好生活的新的需求，必然对旅游公共服务提出更多、更高要求，旅游公共服务的发展将更加大众化、家庭化、个性化、多样

化、休闲化、民俗化、体验化、品质化，同时应不断推出红色旅游、乡村旅游、工业旅游、自驾旅游、康养旅游、研学旅游、户外运动旅游、避暑旅游、冰雪旅游、邮轮旅游、低空旅游、夜间旅游等旅游新产品、新业态，以满足不断升级的消费新需求。

（三）旅游公共服务更加全域化

坚持全域旅游发展理念，进一步拓展全域旅游区间，必须首先推进旅游公共服务全域化，提高供给品质，丰富供给结构，创新供给方式，为全域旅游发展提供强力支撑。发展全域旅游，离不开旅游公共服务的发展；加快旅游公共服务发展，将为全域旅游发展提供基础性支撑。以旅游业为龙头，统一规划城市布局，推进产业融合，不仅提高了经济社会发展的质量和效率，也为旅游公共服务发展拓展了空间，同时对旅游公共服务体系建设提出了新的要求。完善旅游功能区公共服务体系，创新旅游公共服务方式，提升城乡旅游和人居环境，是全域旅游背景下提高游客对公共服务的获得感和幸福感的重要方式。同时利用本地公共服务资源，协调游客与居民的不同需求，将成为提高城市公共服务资源使用效率，增加旅游公共服务效能的首要任务。

（四）旅游公共服务推动文旅进一步融合

文化旅游相融相生，文化和旅游部组建以来，顺应文旅融合发展大趋势，形成文旅融合发展新格局。推进旅游公共服务统筹公共文化服务融合发展，一直走在文旅融合发展的前列，为文旅融合发展提供了载体，并将进一步创造有效融合途径。要继续深入促进公共文化资源的旅游开发利用，持续探索旅游公共服务和公共文化服务以及工业、农业、林业、水利、交通、商务、科技、教育、卫生、体育等其他领域公共服务在更广范围、更深层次、更高水平上实现共建共享。

（五）旅游公共服务成为科技创新前沿阵地

新的科学发现和技术发明，特别是高新技术的不断创新及其产业化，正在对经济社会发展和人类文明进步产生巨大而深刻的影响，人们的生产方式、生活方式、思想观念都随之发生新的革命性变化。近年来旅游公共服务的发展，顺应科技创新发展趋势，互联网、大数据、信息云不断普及，3D打印、物联网、生物识别不断突破，5G、无人驾驶、智慧家居不断运用，旅游公共服务作为媒介和载体，在技术变革对产业格局和消费需求的颠覆和重塑中，发挥着越来越重要的作用。

三、新时期旅游公共服务的优化建议

（一）提升旅游公共服务覆盖面

围绕全域旅游发展主线，完善旅游公共服务基础设施，同时积极探索相关公共设施旅游赋能，挖掘体育场馆、科教文卫设施、商业综合体、交通水利设施、林地、田园综合体、乡村农田、废弃工业地、废弃矿坑等相关公共设施的旅游服务潜能，开发工业、农业、林业、水利、交通、商务、科技、教育、卫生、文化、体育等公共设施的旅游服务功能，改善旅游公共服务整体环境，丰富旅游公共服务多样性，增加旅游公共服务延展性。

（二）推动旅游公共服务向纵深发展

加快旅游供给侧结构性改革，着力推动旅游公共服务从粗放低效方式向精细高效方式转变，从封闭的旅游自循环向开放的“旅游+”转变，从单打独享向社会共建共享转变，从部门行为向政府统筹推进转变，从单一景点景区建设向综合目的地服务转变。贯彻“旅游+”的发展理念，推进融合发展，创新产品业态，推动旅游公共服务与工业、农业、林业、水利、交通、商务、科技、教育、文化、卫生、体育等多领域公共服务融合发展。大力推进旅游公共服务领域大众创业、万众创新，坚持市场化方向，重视营销的促进作用，构建政府、行业、媒体、公众等共同参与的营销机制，形成上下结合、横向联动、多方参与的旅游公共服务建设发展新格局。

（三）优化旅游公共服务环境

着力优化游客与市场共享的旅游公共服务环境。一方面，加快政府职能转变，推进地方主要领导牵头统筹规划机制，明确各相关部门职责，多部门协调配合，提高旅游行政服务效能。另一方面，完善和创新旅游市场监管体系，协调相关部门加强旅游综合执法和惩处力度，强化重点领域和环节的监管，并合理运用全国导游公共服务监管平台、旅游质监执法平台等旅游行业监管系统，完善对价格体系、旅游产品、旅游服务品质的监管。

（四）加速旅游公共服务信息化

推进旅游信息化基础设施建设，完善机场、车站、码头等游客集散区域以及宾馆饭店、旅游景区、旅游度假区、乡村旅游点、商业步行街区等游客集中区域的通信基础设施建设，加快5G网络建设速度，扩大无线网络覆盖范围，满足游客个性化需求，提供高品质、高满意度服务，实现旅游资源及社会资源的充分共享与高效利用。加快推进“互联网+旅游”战略，建设一批国家智慧旅游城市、智慧旅游景区、智慧旅游乡村，结合数据采集、数据分析、数据运用，实现旅游公共服务信息化、智能化，提高旅游公共服务、改善旅游体验、创新旅游管理、优化旅游资源利用，进一步优化旅游公共服务信息资源配置，加强旅游舆情监测，全面掌握旅游行业的市场动态、游客消费行为、旅游企业运行状况，引导旅游公共服务创新发展。

（五）挖掘文旅公共服务融合新路径

文化是旅游的灵魂，旅游是文化的载体。要在旅游公共服务中打好“文化牌”，注重将历史文化底蕴转化为旅游资源优势。要按照“宜融则融、能融尽融、以文促旅、以旅彰文”原则，积极探索资源、项目、平台、活动有机融合。旅游公共服务设施修建改造要增加文化内涵，公共文化服务要进旅游景区、旅游度假区。同时要打造一批在全国具有较强影响力的特色文旅品牌，进一步增加文化内涵，丰富旅游体验，新建或利用现有设施改扩建一批具有鲜明文化特色和人文魅力的公共图书馆、文化馆，点亮城市的文化灯塔。

第五章

国民休闲与国内旅游发展

2019年，在乡村振兴、文旅融合、全域旅游、区域一体化等国家战略驱动下，国民休闲和国内旅游均呈现出纵深化发展的趋势。其中，国民休闲呈现出“两增一减”的总体特征，国内旅游呈现出“格局不变、持续收敛”的发展趋势。2019年，国民休闲时间保持缓慢减少的特征，但是休闲空间范围持续扩大，休闲活动结构从“消极”向“积极”转化。居民休闲需求持续增加，休闲市场继续增长，休闲业态创新和休闲产业投资更加活跃，成为人民群众幸福产业的重要组成部分。旅游休闲已经成为产业经济增长的新引擎、产业结构升级的新动力、人民幸福生活的新指标。2020年国民休闲和国内旅游的发展格局将稳中有变、不断向好。在京津冀一体化、粤港澳大湾区发展、长江三角洲区域一体化、国家文化公园建设保护、带薪年休假落实、公共文化服务效能提升、全域休闲空间构建等背景下，各地区市场主体不断发展壮大并在旅游休闲发展模式上不断寻求亮点和创新点，国民旅游休闲诉求正在从美丽风景转向美好生活，旅游休闲目的地建设已经走进美好生活的新发展阶段。

一、国民休闲“两增一减”且休闲水平不断提升

（一）国民休闲环境优化、休闲水平提升

根据中国旅游研究院对我国国民休闲发展情况的跟踪研究，2019年来国民休闲有以下发展趋势：

1. 国民休闲环境持续优化，休闲时间总量仍在减少

2019年，为了有效增加居民休闲时间，进而保障居民休息休假权利，刺激居民旅游休闲消费，相关部门把落实职工带薪休假制度作为重要抓手，通过多

种形式保障职工带薪休假权利，保障职工合法休息休假权益。同时加强旅游休闲产品供给质量，鼓励弹性作息和错峰休假，避免集中出游带来的负面影响。我国国民随着落实带薪年休假、构建和谐劳动关系等政策逐步推进，我国国民休闲环境持续优化。但是，我国居民休闲时间总量不断减少的趋势仍在继续，特别是城镇居民工作日和周末休闲时间不足，休闲时间较少仍然是制约我国居民旅游休闲消费的关键因素。

2. 国民休闲空间继续扩大，但农村居民休闲空间范围较小

城镇居民居家休闲的比重不断下降，户外休闲比重稳步上升，特别是远距离休闲的比重持续增加，城镇居民休闲空间呈持续扩张的趋势。具体来看，城镇居民在工作日和周末的休闲半径持续扩大，但仍然主要集中于离家 3 公里的范围内。城镇居民节假日的休闲半径增加明显，10 公里以上远距离休闲的比重显著增加。城镇居民不再满足于居家休闲，社区空间、公园绿地、环城郊野、旅游景区、异地康养地等都成为重要的休闲空间。相对而言，农村居民仍然以居家休闲为主。与城镇居民相比，农村居民受到可支配收入、休闲设施、社会保障、意识观念等因素制约，休闲空间仍然集中于村庄范围内，甚至是局限在家庭内部。

3. “积极”休闲活动成为新的消费热点

2019 年，我国城乡居民的休闲活动正在变得更加“积极”，室内休闲比重有所下降，社区休闲、郊野游憩、度假旅游、康养旅居等融合休闲、深度休闲比重有所上升。“积极”休闲能够带来更多的健康、文化、教育、运动、社交等综合性功能。2019 年国务院办公厅发布《关于进一步激发文化和旅游消费潜力的意见》，着力使我国文化和旅游消费设施更加完善，消费结构更加合理，消费环境更加优化，文化和旅游产品、服务供给更加丰富。推动全国居民文化和旅游消费规模保持快速增长态势，对经济增长的带动作用持续增强。国家重点推进旅游、文化、体育、健康、养老、教育等幸福产业的发展，积极满足日益更新的旅游休闲需求。但是，我国城乡居民休闲活动的二元化结构仍然存在，农村居民则仍然以看电视、闲聊等“消极”休闲活动为主，依托休闲活动提升农村居民福利的潜力尚未充分发挥，对此需要从国家层面予以关注并逐步解决。

（二）休闲供给不平衡不充分的矛盾仍然显著

我国的休闲发展面临重要机遇和空间，但也存在各种不足，具体表现为休闲时间少而不均，全域休闲空间尚未形成，休闲产品供需错位等方面。

1. 休闲时间少且不均制约旅游休闲产业可持续发展

我国的居民休闲环境在各项政策指导下正逐步完善提升，但城乡居民的休闲时间并没有随着国民休闲的发展而增加。我国仍属于发展中国家，居民的节假日总量相对较少，很多居民由于生活压力自愿放弃周末、节假日等休闲时间用于生产劳动，最终减少了他们的年休闲时间总量。2019 年，我国城镇居民工作日每天平均休闲时间为 3.3 小时，农村居民农忙时节每天平均休闲时间为 3 小时。城镇居民周末每天平均休闲时间仅有 3.44 小时，农村居民农闲时节每天平均休闲时间仅有 3.28 小时。我国经济社会发展并未带来居民休闲时间的显著增加，近年来居民休闲时间反而呈现出下降趋势，休闲时间短缺成为制约我国居民休闲水平提升的最关键因素，也成为我国文化和旅游产业快速发展的最重要限制性因素。

2. 城乡一体的全域休闲空间尚未形成

我国城市社区休闲空间总量不足、分布不均。各社区的休闲空间和设施没有实现共享，很多社区在建设过程中并未实现“闲住平衡”，导致休闲设施距离过远，影响了休闲功能的充分发挥。我国广阔的“山水林田湖”等郊野生态空间应充分发挥旅游休闲功能，但总体来看旅游绿道网络没有形成，郊野生态空间可进入性不强，很多自然保护地直接将旅游者拒之门外。我国自然保护地包括自然保护区、风景名胜区、森林公园、地质公园、湿地公园、水利风景区、沙漠公园、海洋公园等多种类型，以国家公园统筹自然保护地建设的格局尚未形成。部分旅游景区忽视了本地居民休闲游憩功能，导致异地旅游产品供给和本地休闲市场需求严重错位。总体来看，我国城乡一体的全域休闲空间尚未形成。

3. 二元化休闲产品供给导致农村居民休闲水平较低

我国城乡居民的休闲活动内容存在很大差异。对于城镇居民来说，文化娱乐是最主要的休闲活动。随着休闲时间增加，城镇居民越来越多地选择餐饮购物、文化娱乐、体育健身等休闲活动。到了周末和节假日，有大量的城镇居民选择本地景区游览或异地旅游。对于城镇居民提升休闲水平而言，休闲时间总量不足的限制作用强于休闲产品供给不足。

但是，农村居民随着休闲时间增加，休闲活动且并没有相应地表现出多元化特征。无论农忙还是农闲时节，农村居民的休闲活动都主要表现为看电视、闲聊等家庭内部“消极”休闲活动，户外休闲活动比重仅有少量增加，但仍然主要局限于村庄内部。因此，对于农村居民提升休闲水平而言，休闲产品供给不足的限制作用强于休闲时间总量不足。

二、国内旅游非均衡格局未变、发展总体向好

（一）国内旅游客源市场呈现出明显的均衡化趋势

2019 年，我国各大国内旅游客源地的游客产出量保持增长趋势。从区域角度来看，延续去年的东、中、西三级阶梯状发展格局，出游比例为 6.2∶2.5∶1.3，相比去年的 6.3∶2.4∶1.3，基本格局没有太大变化。从全国角度来看，2019 年我国国内客源地依旧集中在环渤海、长三角、珠三角、成渝四大经济区。从省级角度来看，我国出游力处于全国前五位的分别是上海、北京、江苏、广东、浙江五个省（市）。从客源地分布来看，一线以及沿海发达城市依旧是国内旅游的主体，主要原因是这些省市拥有较高的经济水平和居民消费能力，旅游已经成为当地居民的主要休闲方式之一。总体来说，东部沿海省市依旧是出游潜力最强的地区，中部稍弱，西部潜力最小。全国客源地出游力依旧是东—中—西递减格局。

（二）中西部地区旅游产业增长速度高于东部

2019 年，我国旅游目的地目前的发展有三点特征：景区指数持续上升、旅游目的地发展呈现“东强西弱”格局、主客共享成为旅游发展的新理念。

1. 景区指数持续上升

将5A级与4A级景区作为核定各省份景区指数的主要依托，构建各地区旅游景区指数。2019年，我国国内旅游中景区指数最高的五个省份为江苏、浙江、四川、山东和广东。景区指数最低的五个省份分别是西藏、天津、青海、宁夏和海南。2019年，文化和旅游部对全国1186家景区进行处理，其中取消了405家景区的等级。文化和旅游部门坚持A级景区的进出有序和动态管理，多地旅游管理部门为此制订了详细的景区集中整治行动方案，督促景区不断提升服务管理水平，创建环境优美、服务周到的旅游品牌。

2. 旅游目的地发展呈现“东强西弱”格局

2018年是西部地区旅游快速发展的一年，宁夏、新疆、广西的旅游收入增长率位于前三位，分别为50.16%、29.85%、27.14%。宁夏、新疆、贵州的国内游客接待人数增长率位于前三位，分别为61.76%、29.05%、26.63%。在旅游接待质量方面，东部地区的旅游服务质量指数、星级饭店发展指数和旅行社发展指数远超过中西部地区，其中星级饭店数量和旅行社数量约占全国的一半。未来中西部地区旅游目的地发展过程中，应重视服务质量提升，增强目的地体验。

2019年，我国国内旅游产业发展“东强西弱、南强北弱”的格局依旧未变。东部地区的旅游接待能力和目的地建设保持领先地位，旅游接待人次和旅游收入均超越中西部地区。

3. 主客共享成为旅游发展的新理念

主客共享是一种全新的旅游发展理念，全域旅游是对主客共享理念的实践。从全域旅游的内涵看，促进社会共建共享、完善公共服务设施、实现公共服务协调发展是全域旅游的重要内容和目标。全域旅游强调游客与居民共享旅游发展成果。从近几年国家层面的政府报告和系列文件看，全域旅游是新时期旅游工作的主要内容，这也表明主客共享已经成为新时期国家指导旅游发展的新思想。

（三）区域之间客流互动加强，促使均衡化发展格局显现

2019 年，我国不同空间尺度的旅游流和旅游区之间的通道便捷度都表现出显著的规律和差异。

1. 不同空间尺度的旅游流表现出特殊规律

从全国的大尺度以及区域的中尺度两个角度考察旅游流动情况。宏观层面上旅游流动的主要构成包括环渤海经济区、长三角经济区、珠三角经济区以及中部旅游区。2019 年，我国的大尺度旅游流流动趋势主要表现为：东部三大经济区流向中部地区和西部旅游资源大省的西向旅游流、西部经济相对发达地区流向东部三大经济区的东向旅游流。从区域旅游发展模式来看，金三角双向旅游流具有很强的经济性，而且市场因素和自身资源的驱动性也较强，属于混合驱动型旅游流；西向旅游流具有资源导向及政策导向特征，属于资源驱动型和政策驱动型旅游流；东向旅游流具有一定的经济性，属于经济驱动型旅游流。从中尺度旅游流层面来看，2019 年核心地区和城市的带动效应依旧明显，环渤海经济区、长三角经济区、珠三角经济区、中部六省的旅游流变化幅度较小，北京、上海、浙江等热点城市的旅游流动频率和流动量明显高于周边城市。

2. 旅游流通道便捷度存在差异

各旅游区内以及旅游区之间的旅游流便捷度存在差异。旅游流通道便捷指数是旅游流在通道中流动时的便利快捷程度，与物理距离负相关，与经济发达程度和交通便利程度正相关。从全国范围来看，上海流向长三角内部的旅游流通道便捷度最高，便捷度指数是 17.54，其次是北京流向环渤海内部的旅游流通道便捷度较高，便捷度指数是 9.85，北京流向东北地区、上海流向珠三角地区、广东流向中部地区、广东流向成渝地区、湖南流向中部地区内部、湖南流向珠三角经济区的旅游流通道便捷度也较高，便捷度指数均不小于 1。而辽宁流向云贵地区的旅游流通道便捷度最低，便捷度指数仅为 0.06，辽宁流向成渝地区、四川流向东北地区的旅游流通道便捷度次之，便捷度指数均为 0.1。从这一结果来看，旅游流通道便捷度的高低与物理距离呈负相关关系，与经济发达程度和交通便利程度则有着正相关关系。

三、国民休闲和国内旅游新业态、新经验不断涌现

2019 年我国国民休闲和国内旅游发展涌现出了不少新业态和新经验，促进了文旅融合、全域旅游等国家战略的发展。

（一）文旅融合创新案例

一是泉州打造文化旅游品牌，促进文旅融合发展。泉州通过盘活旅游资源，打造文旅 IP。挖掘文化、盘活资源，泉州古城探索出一条文化产业、旅游产业、服务产业深度融合的创新发展路径，成功打造的多个文旅 IP，成为游客必到打卡的“网红”。通过丰富文旅体验，激活文旅业态。在泉州古城，文旅融合还体现在完善配套、激活业态上，让游客在“眼耳鼻舌身意”的丰富体验中，从“路过”走向“住下”。泉州古城独创的“多彩交通”慢行系统，让古城有氛围、游客多便利。而古城区内的 20 多家特色民宿，推广在地文化，也与酒店一道，让游客选择丰俭由人。智慧旅游建设，让游客不用做功课，也能直奔泉州文化的内核，领略泉州的历史人文。

二是六盘水大力发展文旅融合产业、探索文旅融合新模式。从政府主导、品牌打造、项目开发、区域联动等多方面探索文旅产业融合发展模式，积极推动文旅产业发展。六盘水从凉都文学、凉都民歌、红色凉都文化、文物考古、凉都风云人物、民间传说、地名趣谈、名家游记散文、民俗风情等入手，全方位进行文化资源的挖掘和开发，每年举办一次六盘水消暑文化节，大力打造凉都文化品牌。

（二）全域旅游创新案例

一是蚌埠市多角度助力旅游形态，推动全域旅游发展。蚌埠市按照“全业、全景、全民、全感官”模式，构建蚌埠全域旅游新格局。蚌埠全域旅游发展按照一心引领、两带贯通、三区联动、全域共创的空间总体结构，着力推进“品质蚌埠、水韵蚌埠、文旅蚌埠、乡野蚌埠、畅游蚌埠”五大产品及项目体系，通过智慧化精准营销，塑造蚌埠市“古韵珠城，蚌埠生活”的旅游形象，同时

通过公共服务的体质增效，旅游服务的提档升级。

二是依托自然资源与民族文化，黔东南大力发展全域旅游。黔东南州利用政府主导的作用发展全域旅游，制定协同发展政策机制。在政府统筹下，依托不同的资源优势，打造凯里云谷田园生态农业旅游综合体、麻江县蓝梦谷蓝莓生态园、黎平肇兴侗文化旅游景区、雷山西江千户苗寨乡村旅游综合体等农文旅项目不仅构建了黔东南全景域、多元化的旅游产品体系，更为旅游扶贫建设奠定了坚实基础，2018 年，全州全年接待旅游总人数 10807.59 万人次，比上年增长 15.6%，旅游总收入 937.23 亿元，增长 20.5%。

（三）旅游产业新业态案例

一是温州发展夜间旅游，引领文化旅游新潮流。温州瓯江夜游是温州旅游的名片。通过打造精品夜间旅游项目，进一步完善了城市功能，改善城市人居环境，丰富了市民夜间生活环境和精神内涵，有效延长了游客旅游时间并增加过夜率，促进了城市“夜间经济”的发展。温州瓯江夜游项目融合灯光秀、光影码头、光影乐园、光影礼堂等多种形式，用光讲述城市故事，打造“光影创新体验产品”，助力月光经济发展。

二是贵州发展避暑旅游，快步迈向“旅游高地”。通过强化避暑品牌价值和品牌意识，提升消费者的认同度；注重基础设施的完善，为顾客提供优质服务；组建一流的旅游服务团队，提供优质服务。多个措施并举，使游客在避暑旅游的时候能够得到更加优质服务，对贵州避暑旅游品牌记忆犹新，从而为贵州避暑旅游文化产业的发展和进步提供有效的支撑。

三是依托自然资源优势，长春大力发展冰雪旅游。其通过创新营销方式，强化冰雪文化建设，改进基础设施水平积极发展冰雪旅游。长春注重冰雪旅游营销模式的创新和运用。利用生活方式营销，以消费者所追求的生活为诉求，通过把产品或品牌演化成某一生活方式的象征，甚至是一种身份、地位识别的标志，从而达到吸引消费者、建立起稳固的消费群体。长春根据各区域的特点，加强本地独有的民族旅游文化的传播路径，通过科学合理配置现有冰雪产业资源，打破地域限制，改进基础设施水平，为构建长春市冰雪名城打下基础。

四、2020 年国内旅游休闲发展的趋势展望与建议

（一）发展趋势

2020 年，多重国家战略和工程促进国民休闲和国内旅游发展的综合效应将持续释放：

国家文化公园建设成为文旅融合新亮点。长城、大运河、长征沿线等国家文化公园建设，以一系列主题明确、内涵清晰、影响突出的文物和文化资源为主干，生动呈现中华文化的独特创造、价值理念和鲜明特色，促进科学保护、世代传承、合理利用，将成为文旅融合发展的亮点，为未来全面推进国家文化公园建设创造良好条件。

乡村振兴战略促进乡村旅游快速发展。在乡村振兴战略的背景下，文化和旅游部等部门提出从农村实际和旅游市场需求出发，完善乡村基础设施建设，优化乡村旅游环境，丰富乡村旅游产品，促进乡村旅游向市场化、产业化方向发展，全面提升乡村旅游的发展质量和综合效益，为实现我国乡村全面振兴做出重要贡献。

国家战略区域背景下的旅游合作不断加强。随着河北雄安新区、京津冀协同、长江三角洲区域一体化、粤港澳大湾区等发展上升成为国家战略，区域旅游合作成为区域一体化发展的先行工程和重要内容，区域一体化战略为区域旅游合作奠定了坚实基础。2020 年，区域一体化战略对于区域旅游合作的支撑作用将进一步加强，我国区域旅游一体化的程度将持续推进。

国民休闲“两增一减”和“城乡二元”状况将有所缓解。从 2012 年至 2019 年，中国旅游研究院持续跟踪观测国民休闲的发展演变趋势，我国国民休闲长期保持“两增一减”和“城乡二元”的格局。预计 2020 年也将延续“两增一减”和“城乡二元”的状况。可以预测，在带薪年休假加快落实的前提下，城乡居民休闲时间不断减少的趋势将有所缓解。同时，随着城乡居民休闲空间不断扩大、休闲内容不断丰富，“城乡二元”的休闲结构也将得到缓解。

（二）政策建议

1. 以国家战略为依托，进一步缩小区域旅游发展的不平衡格局

我国区域旅游发展不平衡现象由来已久，“东强西弱、南强北弱”是整体格局。东部旅游目的地的接待能力、旅游产品的丰富度和服务水平，明显优于中西部地区。中西部尤其西部地区，多拥有较好的生态资源，构成旅游发展的天然基础，但受限于交通基础设施、区域经济水平等因素，旅游发展相对粗放，市场化程度相对较弱。但随着我国产业发展向中西部的转移，中西部经济及旅游发展呈快速增长趋势，旅游产业发展速度明显高于东部。整体来看，我国区域旅游发展不平衡依然明显，在基础条件、经济发展水平及资金支持等方面境况不一，如何进一步缓解还存在不少挑战。

一是借助脱贫攻坚战略，为中西部地区旅游业发展注入新动力。为促推东部、中西部旅游发展的均衡化格局实现，国家层面也已出台举措。近期，国家发改委、财政部、文化和旅游部等部委印发《“三区三州”等深度贫困地区旅游基础设施改造升级行动计划（2018~2020）年》（以下简称《行动计划》），以进一步加强西藏自治区、四省藏区、新疆维吾尔自治区南疆四地州、四川凉山州、云南怒江州、甘肃临夏州等深度贫困地区的旅游基础设施和公共服务设施建设，推进旅游业发展。2020 年是我国全面脱贫的关键年，广大中西部地区应利用好国家脱贫攻坚政策，努力发展乡村旅游、民俗旅游以及生态旅游，实现广大中西部欠发达地区的“旅游产业扶贫”。

二是加快推进交通网络的建设，让东部客流可以更加顺畅地流向西部。旅游客流作为旅游空间过程中的显性流动现象，其内涵是信息流、资金流、人才流、交通流等一系列人、财、物的流动。加快推进中西部交通网络的建设将为东部客源地更加便捷地流向西部创造良好的外部条件。2020 年各地文化和旅游部门应进一步围绕商合杭高铁、银西高铁等通车的时机，做好快速交通接驳体系、旅游吸引物体系以及旅游产业要素体系的提前布局，迎接全域旅游、大众旅游所带来的市场井喷现象。加快与旅游相关部门的对接，提前布局，从而让更多的游客、信息、资金、人才以及货物从东部流向中西部，进而带动中西部社会经济的发展。

2. 以落实带薪休假为突破口推进国民休闲发展

根据上述分析可知，休闲时间短缺已经成为制约我国居民休闲水平提升的最大瓶颈因素。我国城镇居民在工作日、周末和节假日的平均休闲时间均低于发达国家居民，这是由居民主动加班、家务劳动挤占休闲时间等因素造成的，但是单日休闲时间的差距并不能完全解释年休闲时间总量的差距，中外年休闲时间总量的差距更多是由我国城镇居民年实际休假天数较少造成的。落实带薪休假将成为推进我国国民休闲发展的关键点和突破口。

一是加强带薪休假落实情况监督检查。文化和旅游部门会同人力资源和社会保障部门，加强对企业落实职工带薪年休假制度的政策指导和日常监管，将企业执行年休假情况纳入企业劳动保障年检内容，加强对用人单位执行年休假制度的监督检查。对未按规定安排职工年休假且不给予年休假工资报酬的单位，各级劳动监察部门要按照《职工带薪年休假条例》和《企业职工带薪年休假实施办法》的规定予以处罚；对拒不执行支付未休年休假工资报酬、赔偿金行政处理决定的，由人力资源社会保障行政部门申请人民法院强制执行。

二是推行带薪休假集体协商和集体合同制度。以非公有制企业为重点对象，依法推进带薪休假集体协商制度，不断扩大覆盖面、增强实效性，形成反映职工休假需求和带薪休假权利的决定机制和正常增长机制。完善带薪年休假实施细则，加快建立统一规范的带薪年休假调查和信息发布制度，为开展带薪休假集体协商提供参考。企业、民办非企业单位和有雇工的个体工商户要将年休假制度相关条款列为劳动合同、集体合同必备内容，严格执行，确保职工享受年休假的权利。

三是建立健全协调带薪休假的三方机制。建立健全由人力资源社会保障部门、旅游部门会同工会和企业联合会、工商业联合会等企业代表组织组成的三方机制。加强和创新三方机制组织建设，建立健全协调带薪休假的三方委员会，由同级政府领导担任委员会主任。完善三方机制职能，健全工作制度，充分发挥政府、工会和企业代表组织共同研究解决有关带薪休假问题中的重要作用。

3. 构建覆盖全域的国民旅游休闲空间体系

科学规划布局居民的生活和居住空间。在城镇社区率先建设“15 分钟休闲圈”，实现城镇居民“闲住平衡”。鼓励社区之间开放共享休闲空间，实现休闲空间的优势互补。充分开发城市街道的休闲功能，将城市休闲空间有机串联。

农村社区积极推动基本公共服务均等化发展，争取实现城乡休闲水平一体化发展。

广阔的自然保护地、农地、林地、草地等在发挥主体功能、保障生态安全的前提下，要积极增强可进入性并对居民开放，并通过旅游绿道网络串联起来。让居民的休闲空间从点状的郊区景区拓展到面状的广阔郊野。

在全域旅游发展的背景下，引导旅游景区充分发挥休闲功能，从门票经济转变到“旅游＋休闲行业”的产业经济，将景区建设成旅游者和居民共享的幸福空间，实现各方共赢。

鼓励工厂、办公楼、医院、学校等单位结合实际情况适度增加休闲功能，改善劳动者生产环境，激发劳动者创意思维，让休闲元素渗透到生产生活各个领域。

4. 从人民群众需求出发实施休闲供给侧改革

可以基于全域旅游规划成果编制国民休闲游憩总体规划。统筹利用自然保护区、森林公园、湿地、水库、沙漠、海洋等休闲空间，构建全域性休闲空间。统筹建设文化、体育、公园绿地、商业、旅游等休闲设施，提供全要素休闲服务。休闲游憩规划与国土空间规划实现“多规合一”，保障居民的理想休闲空间能够“一张蓝图绘到底”。

将居民休闲需求、休闲行为调查作为休闲空间建设、休闲产品供给的基础资料。依据居民的传统文化、休闲偏好、消费能力、年龄结构、生活习惯等方面的差异，有特色地建设休闲设施和提供休闲服务，避免在休闲产品供给方面的“一刀切”。在居民休闲调查时，避免传统城市规划仅考虑常住人口的局限，不仅考虑到本地居民的休闲需求，同时也考虑到一日游客、短期旅游者、旅居者等的需求，做到休闲空间共建共享。

旅游是旅游者在非惯常环境内的非频繁活动，休闲是居民在惯常环境内的频繁活动。在设计休闲产品的门票、类型、业态时要充分考虑到休闲与旅游的重要区别。

第六章

旅游服务质量发展评价

受益于文旅融合发展战略，旅游产业创新发展提速，旅游市场提质升级效果显著，2019 年境内外游客对我国旅游服务质量普遍认可，三大市场游客满意度评价稳步提升。游客对于高品质的文化、科技内容创新、公共设施完善、定制行程推荐有了更高期待。未来，全面提升旅游产业质量评价体系，着力旅游服务痛点将是市场发展重点。

一、全国旅游服务质量稳步提升

中国旅游研究院（文化和旅游部数据中心）旅游服务质量调查报告显示，2019 年全国旅游服务质量稳中有升，前三季度综合评价指数为 80.06，同比增长 3.21%（图 6–1）。三大旅游市场旅游服务质量评价均在不同程度实现了提升，2019 年前三季度国内服务质量评价指数为 81.60，同比增长 5.44%，出境服务质量评价指数为 81.25，同比增长 4.83%，入境服务质量评价指数为 83.36，同比增长 6.44%。随着科技、文化等要素与旅游的融合日益紧密，国内旅游市场在产品内容、行业服务等方面不断改进，国内游客对市场做出了积极反馈。入境旅游服务商不断进行商业创新和市场细分以迎合国外游客的个性化需求，入境游客满意度增幅显著。出境市场竞争日益激烈，市场需求升级倒逼出境旅游服务提升，游客满意度稳定增长。

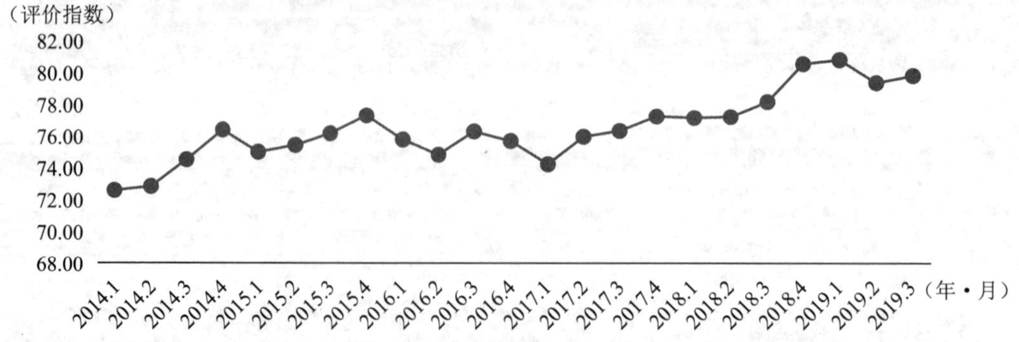

图 6–1　2014—2019 年全国旅游服务质量变动趋势

（一）旅游窗口行业服务质量稳中有升

从全年情况来看，旅游窗口行业服务质量稳中有升，相比过去，2019 年旅游交通、餐饮、住宿、购物、娱乐、景点、旅行社、公共服务呈上升趋势（图 6-2）。这与品质旅游发展密切相关，旅游行业下力气解决购买、感受、体验和应急反应等服务短板，更加注重科技应用和产品创新，也受益于移动支付、网络预订、智能入园系统应用为游客带来的便利体验。

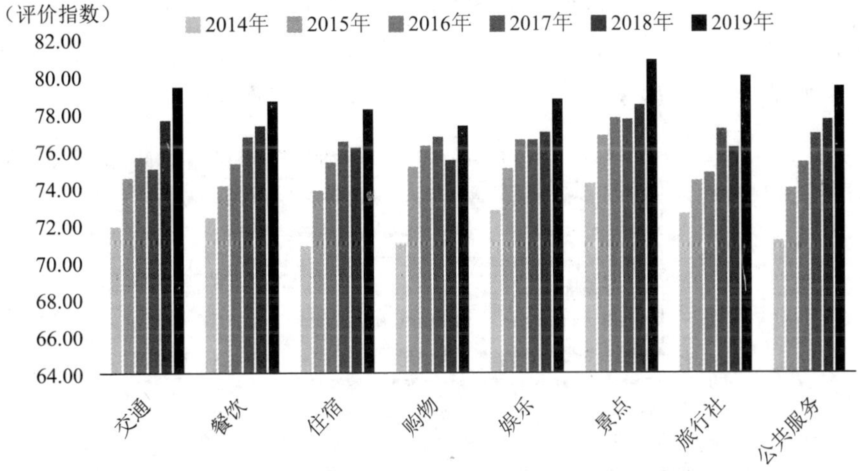

图 6-2 2014—2019 年全国旅游行业服务质量评价指数变动趋势

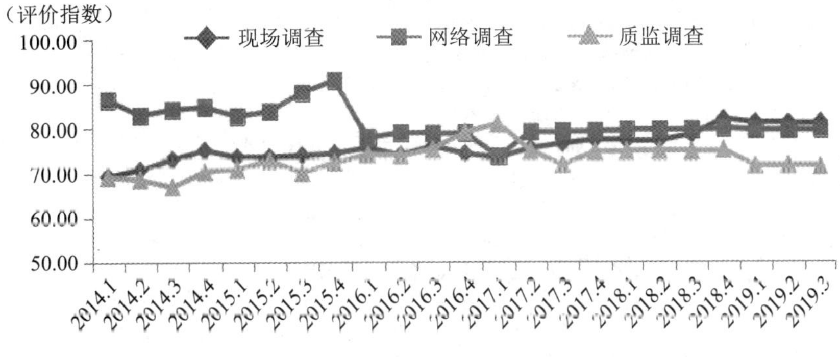

图 6-3 2019 年全国旅游行业服务质量评价指数

（二）品质需求倒逼入境市场服务提升

中国旅游院入境游客偏好调查显示，自由、品质与体验应该是旅游产品营销的关键词。入境游客的人口统计特征显示我国目的地营销的目标客群是受教育水平及收入水平较高的中青年群体，这些游客对于国内旅游目的地的过程体验、配套服务质量提出了更高的需求。基于市场需求，入境旅行社在设计旅游路线，推介产品组合等方面不断进行创新优化，并取得了良好效果。2019 年前三季度显示，入境游客对旅行社的满意度评价最高。随着全域旅游的不断推进，国内旅游城市在交通、餐饮、住宿、居民素质、公共服务等方面持续改进，并收到了良好成效（图 6–4）。

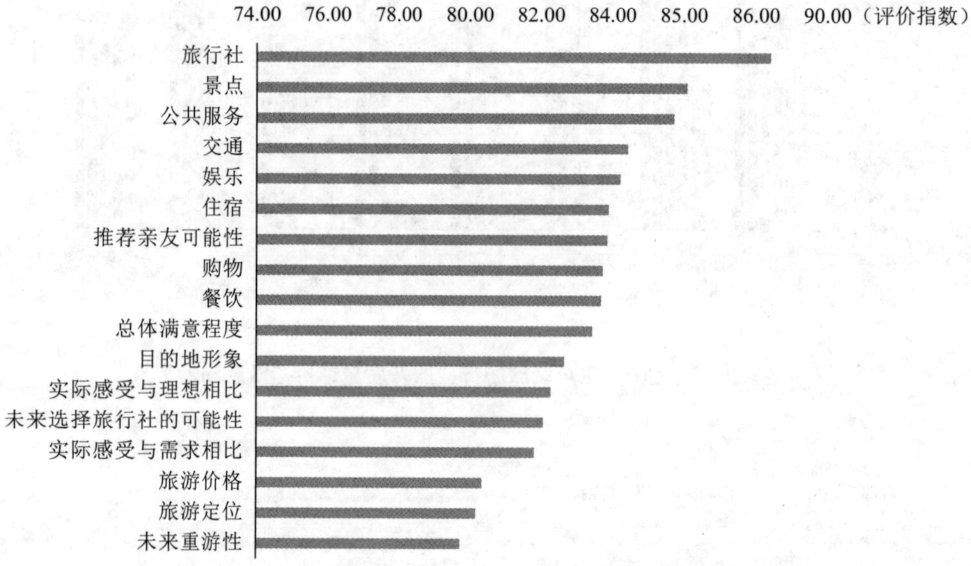

图 6–4　2019 年全国旅游行业服务质量评价指数

（三）大洋洲、北美洲领跑出境满意度

分区域看，2019 年前三季度大洋洲满意度指数最高（80.58），北美洲其次（79.16），之后为欧洲（78.97）、非洲（78.54）、亚洲（78.18）、南美洲（78.12）（图 6–5）。出境旅游服务质量排名前十分别为日本、土耳其、马尔代夫、斐济、新西兰、中国台湾、澳大利亚、中国澳门、毛里求斯、韩国，其中

亚洲国家占据五席，大洋洲占据三席。

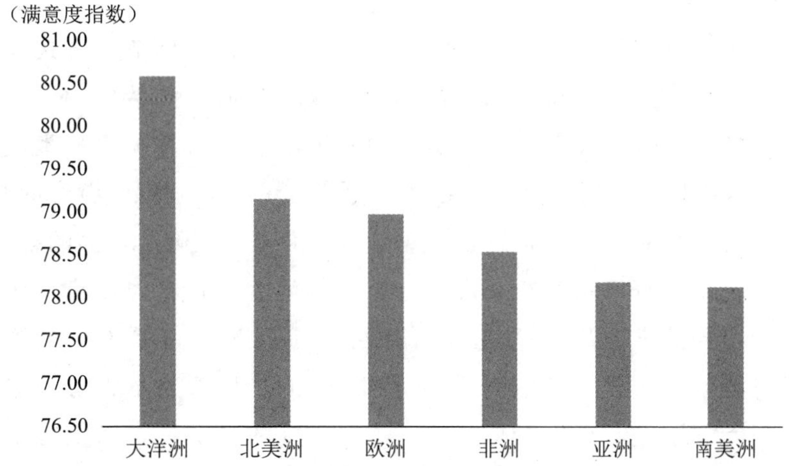

图 6-5　2019 年中国游客对境外主要目的地旅游服务质量评价

从具体指标来看，当地居民态度、预订、旅行社满意度指数位居前三，游客对当地居民态度的满意度指数达到了 86.53，为评价指标中最高。出境旅游中，当地居民的耐心解说引导、热情交流等传递的友好，给予游客更多善意和温暖，促进了游客满意度的提升。其他细分指标中，住宿、餐饮、景点、推荐度、性价比、交通等满意度指数居中，购物、休闲娱乐、目的地形象和旅游业管理满意度指数较低，有待进一步提升。

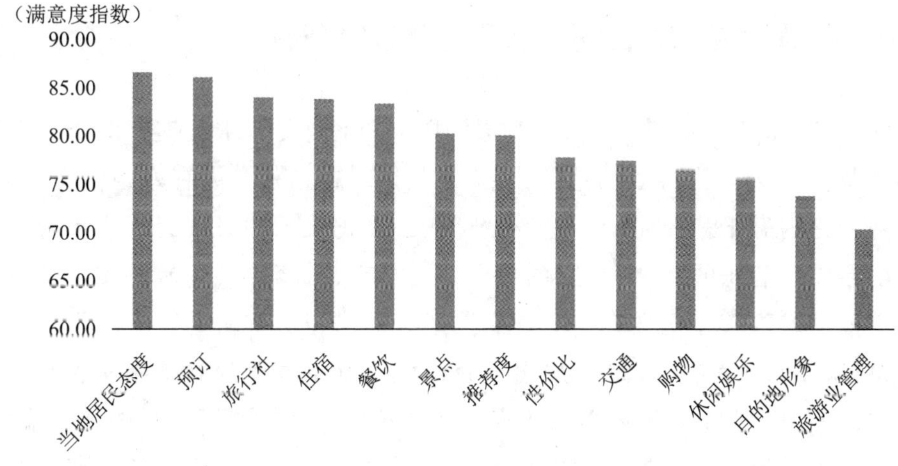

图 6-6　2019 年中国国内旅游服务质量评价的具体指标

（四）科技创新优化旅游综合服务

旅游科技创新了旅游生产、管理、交易和消费各个环节的方式和模式，不仅产生了一系列旅游新业态和新产品，也实现了旅游产业数据的可视性和旅游行业的可监控性，进而辅助旅游服务质量提升。旅游大数据等技术应用，为旅游企业、研究机构和政府管理部门提供了更精准的游客画像，游客的基本属性、行为偏好、旅游评价、信息推介等信息得到了快速、准确、全面的整合和推送，旅游企业可以将自有产品进行精准推送并依据游客评价及时改进，研究机构可以更好研判市场需求，政府管理部门的服务人民工作有了更有效的改进依据和抓手。在对旅游创新积极效应调查中，34.3% 的受访者表示旅游创新显著改善了服务，享受到了贴心全面的旅行服务，28.1% 的受访者表示旅游创新让信息搜索效率提高，旅游信息更加丰富且易于检索，25.5% 的受访者表示旅游创新让自己有了新玩法和新去处，11.9% 的受访者受益于创新降低了旅行成本。借助于旅游科技创新，游客的服务体验和信息搜寻体验得到了显著提升，行程安排有了更多元、个性化的选择。

二、内容创新、设施完善和定制行程成为新诉求

（一）游客期待高品质的文化、科技等创新

目前居民的精神需求已比肩物质需求，文化消费需求旺盛，对于旅游科技充满期待，但当下旅游目的地的内容设计距离游客需求仍有差距。文化领域，目的地文化内容千篇一律的问题依然存在，文化展示的方式无法满足游客深入体验的需要。静止的碑林、封存的书卷无法走入游客内心，旅游文化的发掘需要持续推进，旅游文化推广需要依靠接地气的描述、丰富的互动和更有效的推销。科技领域，旅游科技概念层出不穷，但仍有旅客反映名不副实、性价比低等问题，未来仍需要开发更多切入点，让科技服务智能景区、目的地设施搜索、旅游行业管理等。旅游目的地的持续发展不是依靠复制、模仿的快速时尚，而是根植于自身文化内核的不断发现、创新、整合和营销。

（二）游客期待小众目的地的公共设施完善

目前，国内小众目的地不断开发，特别是贫困地区的旅游资源借助短视频等手段吸引了更多关注和兴趣。越来越多的小城市、小地方也通过网络推广、游客互动等方式向世界展现了独特的风景、文化，打响了自己的知名度。相比繁华的大都市，游客对于能够沉浸在诗意的小世界中，对于感受鸡犬相闻的和睦与安详的乡村旅游体验充满兴趣。但小众目的地特别是偏远贫困地区的基础设施和社会公共环境尚不完善，制约了居民将出游意愿变为实际出行。调查显示，位置偏远、交通不便、缺乏同伴、旅游配套及安全保障不足等多方面因素制约了游客出行。游客期待小众目的地的旅游环境能够逐步向成熟旅游城市看齐，交通接驳更加便利，地面路标、照明等设施能够顺畅出行，网络服务、医疗救援等服务提供可靠安全保障。人文社会环境方面，游客期待能与当地居民融洽相处、相互了解，更好地体验异地风土人情。

（三）游客期待更丰富的定制化行程推荐

当下，游客出游形式日益多样，出游需求层次在深度和广度双方向快速拓展，定制化需求与日俱增。经济理论和市场实践表明，消费者的满意度与消费菜单的可选度是密切相关的。随着大众旅游时代的到来和国民旅行经验的成熟，选择自由行和自助游的人越来越多，但是游客用于信息搜寻、价格比较、目的地决策、交通和目的地生活方面的成本也越来越高。基于定制游沉淀下来的固定线路产品是真正经由市场检验而筛选出的优质产品，是对原有资源导向下跟团游产品的颠覆性改变，又可以依托跟团游的规模化生产和采购来降低市场价格与准入门槛。需求导向的产品设计、基于游客评价的资源优筛机制、专属定制顾问的贴心服务都会带来更高的游客满意度。

三、政策建议

文旅融合新时代，文化支撑、科技融入、政策扶持、资本注入等多要素共同助力市场主体积极创新旅游产品和服务，企业、政府、公众共同促进品质旅游建设，推进旅游服务质量稳步提升，未来借助先进科技和社会参与，还应在科技、优化满意度评价、痛点改进等方面着力发展。

（一）持续完善乡村及偏远地区基础设施和公共服务

为迎合广大游客对优质乡村旅游的需求，努力消除深入偏远贫困地区的种种顾虑，各地应兼顾城乡均衡，在保证城市旅游资源的同时，着力加大乡村及偏远地区的交通、电力、通信等基础设施建设，优化医疗、民生等公共服务，为推进旅游扶贫、开发乡村旅游提供坚实的硬件基础。当下，居民对于新型旅游目的地的需求持续高涨，小众目的地出游热度不断攀升，旅游产品的开发应首先建立在地区安全、居民热情、体验无忧的基础上。基础设施方面，在建设基本交通网络的基础上，设计和优化旅游路线，提供更加便捷、省时的旅行路线，解决游客如何安全到达的问题；保障基本的电力和通信条件，方便游客基本的旅行社交需求，解决如何放心游的问题；改善当地旅游住宿、餐饮等条件，解决游客舒心体验的问题。公共服务方面，加大医疗、环境、救援等旅游安全必备的服务改进力度，解除观望中的潜在出游者顾虑，激发出游热情，为地区旅游市场引流。同时，着力探索文旅融合、农旅融合等发展路径，促进乡村旅游和旅游扶贫的事业可持续发展。

（二）立足需求打造更接地气的旅游商业模式

目前，文旅融合、先进科技、跨界资本等诸多要素共同推进了旅游商业模式的创新演进，广大居民对旅游市场充满了期待。但基于游客体验，未来我们仍有很大的提升空间，针对游客反映的空有噱头、名不副实的问题，各地应在深挖地区文化内涵、重组产品内容方面加大力度，提高旅游内容和服务深度。针对游客反映的资费过高、性价比低等问题，各地应在提质增效方面持续发力，降低供给成本，加强旅游价格监管。品质旅游时代，游客要风景，也要触手可及的温暖，旅游商业模式的创新，应当紧跟游客需求，打造更接地气的大众旅游。

（三）政府、产业共同努力推进定制服务提升

正如戴斌院长所说，定制旅行是全民的和全行业的，决不能把定制旅行与大众旅游对立起来，团队旅游也有高端产品，定制旅行也有大众市场。政府层面，应与产业一起共同调研、研究，借助科研和技术支撑，辅助产业出台更多的企业标准引领定制旅游发展。同时，政府应指导和规范定制旅行的第三方评价，对相关的企业标准、线路产品和服务品牌进行排序性评价，定期发布旅行服务业的年度关键词、目的地类型、新线路和新产品，并致力于打造旅行服务的风向标。产业层面，未来旅游层面还需要更多品牌，针对不同游客、不同的旅游阶段，不同的旅游场景提供分层、分众的品牌服务。

第七章
港澳台旅游发展现状与展望

当前在经贸摩擦加剧，全球经济分化的大形势下，港澳台旅游发展态势也有较大变化。2019年尽管在粤港澳大湾区的政策支持下，内地与澳门旅游发展进一步深化。内地与香港、大陆与台湾的局势导致旅游交流受到阻碍。香港不稳定的局势严重制约了香港旅游业的发展，台湾政治生态的影响导致两岸旅游交流充满了不确定性。

一、港澳台旅游发展现状及趋势

2019年港澳台旅游业发生较大的变数，未能保持2018年的良好态势。自2019年6月开始的示威游行给香港旅游业造成严重影响，从2019年1~8月数据来看（香港旅游发展局），香港旅游业增速明显放缓至4%。澳门旅游业则继续保持增长，且2019年1~8月的整体访澳旅客同比上升18.0%。尽管台湾旅游业整体呈现增长态势（前8个月+12.22%），大陆从2019年8月1日起暂停陆客赴台个人游申请也给台湾旅游带来一定打击。

整体来看，内地与港澳、大陆与台湾的旅游交往不确定性增强。内地（大陆）赴港澳台旅游市场有所收紧。从港澳台赴内地市场来看，香港赴内地旅游市场增幅有波动，澳门赴内地旅游市场保持稳定增长，台湾赴大陆旅游市场增幅放缓。

（一）香港旅游发展现状及与内地的交流状况

1. 2018年内地赴港旅游增速加快，但2019年香港形势影响增速波动下滑

在经历2015年和2016年的负增长后，2017年香港旅游逐渐恢复，2018年全年香港入境旅游增长显著（图7-1）。由于2015年和2016年香港与内地矛盾凸显，内地赴港游客数量大幅下降。随着两地政府的共同努力，2017 年旅游业开始恢复。内地持续作为香港入境旅游的基础市场，伴随着珠港澳大桥的正式通车，以及粤港澳大湾区城市群的建设，区域经济、社会、文化发展的一体化水平进一步推进，香港入境旅游开启了增长趋势。根据香港旅游局的统计，2018 年入境游客接待量超过 6515 万人次，增速达 11.4% 左右。这一大幅增长主要得益于内地赴港旅游市场的快速增长，2018 年，内地赴港游客超过 5000 万人次，同比增长达 14.8%，其占赴港游客总数的 78.4%。2020 年 1 月访港游客数量按年急挫 53%，从 2019 年 1 月的 678 万人次减至 2020 年 1 月的 320 万人次，即每日平均约 10 万人次；其中内地访港旅客的跌幅惊人，从 2019 年 1 月约 545 万人次跌至 2020 年 1 月的 252 万人次，跌幅逾半。内地持续作为香港入境旅游的基础市场，伴随着珠港澳大桥的正式通车以及粤港澳大湾区城市群的建设，区域经济、社会、文化发展的一体化水平进一步推进，2019 年香港入境旅游有增长趋势。同期，中国台湾、韩国和日本是除中国大陆外最大的客源市场。但除日本访客人数小幅增长（+3.7%）外，中国台湾和韩国赴港游客人数均出现约 5 个点的下跌。对长途市场而言，美国、英国和澳大利亚是主要的客源市场。其中，美国作为最大的长途客源市场，其贡献的客源与日本不相上下，且保持较高增速（+7.3%）。

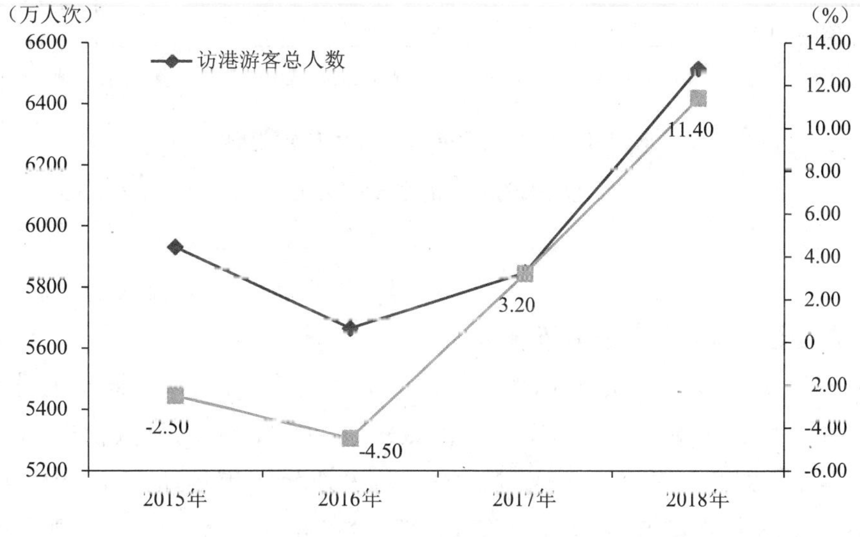

图 7-1 2015—2018 年访港游客数量变化情况

数据来源：香港旅游发展局。

然而 2019 年 6 月开始，香港出现示威游行，给原本繁荣的旅游业造成严重的打击，7、8 月跌幅明显（图 7–2）。根据香港旅发局公布，2019 年 10 月访港旅客 331 万人次，按年下跌 43.7%，当中内地游客 251.9 万人次，按年下跌 43.7%，非内地游客 79.2 万人次，按年下跌 35.6%。而 2019 年前 10 个月，访港旅客 5007.5 万人次，同比下降 4.7%，当中内地游客 3944.9 万人次，按年下降 4.4%。2019 年 10 月，来自短途市场（不包括中国内地及澳门）的旅客有 35.7 万人次，按年下跌 43.5%，所有地区都大幅下跌，其中中国台湾旅客下跌 36.6%，韩国下跌 59.1%，泰国下跌 60.2%，下跌幅度最小的印度尼西亚也下跌 33.5%。来自长途旅客有 32.4 万人次，按年下跌 27.7%，同样所有地区均见下跌，跌幅最小为英国 14.6%。

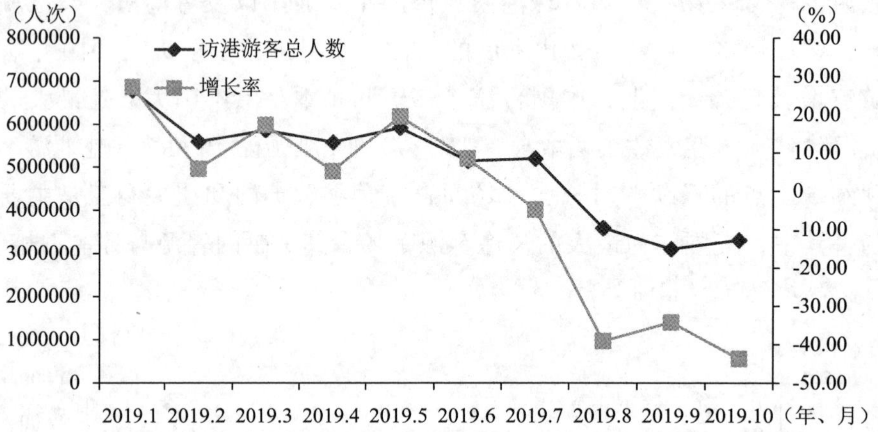

图 7–2　2019 年香港旅游访客人次数变化

数据来源：香港旅游发展局。

2. 香港赴内地市场不确定性增大

2019 年 1~10 月，香港赴内地旅游总人数为 6721 万人次，同比上升 3.2%，其中 4 月份增幅明显（图 7–3）。过夜旅游人数为 2435.6 万人次，同比增加 5.4%。从 2019 年上半年数据来看，香港赴内地旅游市场扭转了 2018 年的下跌趋势。2018 年香港赴内地旅游总人数为 7936.8 万人次，同比出现小幅下滑（–0.5%）。2019 年香港赴内地旅游总人数出现较大的增幅，主要是因为港珠澳大桥的通行以及香港段高铁的开通，香港居民前往内地更加便利，高铁直达内地58个站点，对香港赴内地旅游有极大的促进作用。然而由于自6月开始的香港示威游行，对香港本地居民生活造成较大的影响，短时间内失去出境旅游信心。2019年6月开始香港赴内地旅游市场持续出现下滑，10月，香港同胞赴内地人数降至633.5万人次，同比减少5.9%。

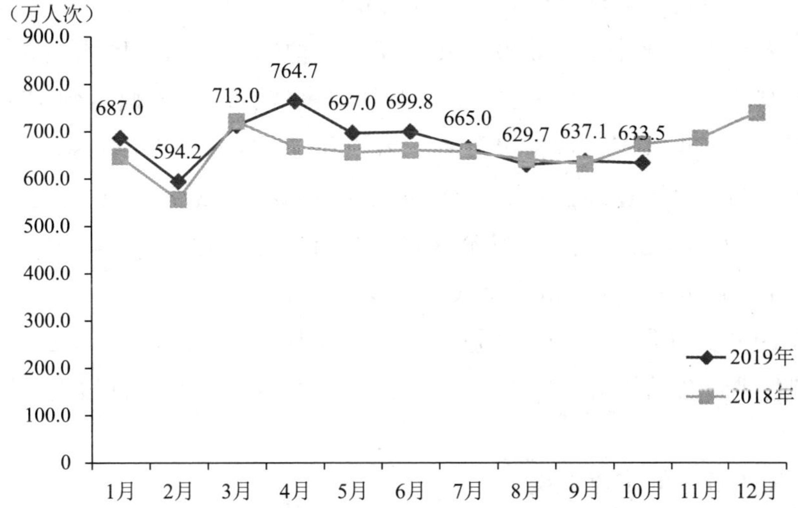

图7-3 2018年及2019年香港赴内地旅游人数

数据来源：文化和旅游部数据中心。

3. 酒店供应量与入住率持续下滑

截至2019年9月底，香港共有299家酒店，拥有8万多间客房，较2018年年底新增酒店8家，新增客房1661间。预计到2019年年底，酒店数量将达到305家，客房数量超过8.4万间。2019年1~6月月平均入住率基本与2018年持平，1~3月都达90%以上，4月为89%，5月为88%，6月为87%。但是由于香港形势问题，8月跌至66%；相比2018年8月入住率则为94%，旅游业受挫严重。2019年10月甲级高价酒店平均入住率为62%，比上年减少了28个百分点；乙级高价酒店平均入住率68%，相比上年减少了24个百分点①。

① 相关数据来自香港旅游发展局。

4. 过境邮轮市场有上升趋势，内地市场增速明显

香港旅游发展局公布的数据显示，2019年1~6月，香港接待邮轮旅客总量为82万人次，同比增长4.4%。这一增长得益于过境邮轮乘客（乘坐同一邮轮进出香港）人数的明显增幅，达到37.7%。这种上升主要是内地市场和长途地区市场的带动，其中内地过境邮轮乘客为6.9万人，同比增长76.8%。长途地区市场7万人次，同比增长20.1%，其中荷兰、德国、中东地区增幅超过100%。短途地区则为5778人，下滑25.3%，但日本表现突出，增幅达到799%。香港登船或下船的邮轮乘客（有指定行程）为30.6万人次，下滑10%，尽管内地市场增长12.7%，但短途地区市场、长途地区市场都出现负增长，尤其香港特区居民下降18.2%。此外，其他邮轮乘客（无目的地）也下跌10.5%，除了内地市场增加1.4%以外，其他市场都大幅减少。

从2019年1~9月来看，整体邮轮旅客总量为124.7万人次，同比下降2.8%，主要受到香港形势的影响，7~9月的下滑导致2019年前9个月数据下跌。

5. 会奖旅游市场增速放缓

根据香港旅游发展局公布的数据，2019年1~9月香港会奖旅游市场增速放缓，共接待访港过夜商务会奖游客121.4万人次，减少1.3 %。会奖市场也受到香港形势影响。2019年上半年会奖旅游长途市场减少5.3%，短途市场也下跌了6.4%，其中澳门地区增速达到46%。加上7~9月数据，长途市场同比下降11.3%，短途市场下降9.2%，后三个月对2019年整体表现有所影响。内地作为最大的客源市场（占比51.7%），同比上升8.9%，拉动了市场总量的增速。主要原因是港珠澳大桥、香港段高铁的开通便利了粤港澳三地的出行，实现一小时经济圈，粤港澳大湾区的发展也进一步促进了三地交流。

（二）澳门旅游发展的现状及与内地的交流情况

1. 内地赴澳门入境旅游市场高速增长，带动澳门入境旅游持续增长

2019年澳门入境旅游保持较高速增长。根据澳门旅游局公布的数据，2019年1~10月的整体访澳旅客达到3341.3万人次，同比上升15.3%，1~10月所有月份相比2018年都有所增长（图7-4）。1~10月的旅客平均逗留1.2日，其中留宿旅客占比47.1%，平均逗留2.2日，均与2018年同期持平。从市场结构来看，内地、香港和台湾是澳门入境旅游的前三大客源市场，占整体旅客超过九成。其中，内地市场持续作为澳门入境旅游的首要客源市场，占比超过 70%。与 2018 年同期相比，2019 年澳门入境游客主要客源市场基本有不同程度的上升，其中中国内地、中国香港及菲律宾旅客增幅尤其明显，分别上升 19.1%、21.8%、43.2%。马来西亚和泰国则出现下滑，分别为 3.9% 和 5.4%。

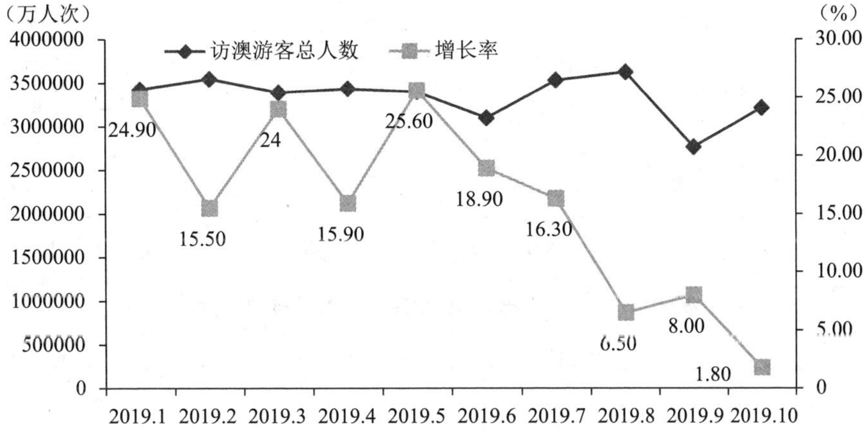

图 7-4 2019 年 1~10 月澳门旅游访客人次数变化

资料来源：澳门旅游局。

2. 澳门赴内地旅游市场增速上升，内地依然是澳门最大的出境旅游目的地

2019 年 1~10 月澳门赴内地的总人数达到 2207.6 万人次，同比增长 6.6%，市场增速上升。过夜旅游人数为 503.4 万人次，同比增长 10.5%。2018 年，澳门赴内地旅游的总人数达到 2515.0 万人次，同比增长 2.0%，与 2017 年同期相比增速有所放缓。2019 年 1~10 月增速比 2018 年有所上升，其中，1 月和 3 月是澳门赴内地旅游人数最多的月份（图 7-5）。从入境旅游增长来看，2019 年下半年表现较好，自 5 月起澳门赴内地人数持续上升，同比增幅较大。

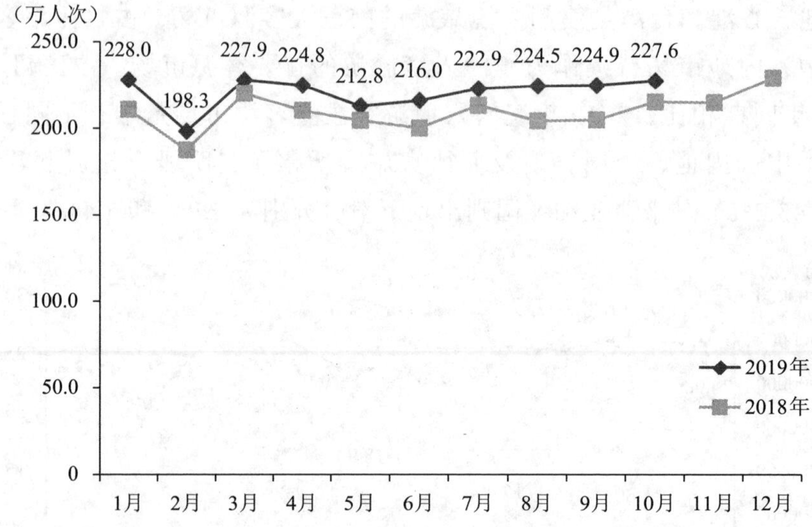

图 7–5　2018 年及 2019 年澳门赴内地旅游人次数

数据来源：文化和旅游部数据中心。

3. 住宿需求旺盛，酒店客房数及入住率基本持平

根据澳门旅游局公布的数据，截至 2019 年 10 月底，澳门共有 121 家酒店，拥有客房总数 3.8 万间，与 2018 年相比减少 0.6%。2019 年 1~10 月酒店平均入住率为 90.6%，与 2018 年同期基本持平。酒店客房数量略有下滑，但客房入住率进一步提高。在有限的空间内，住宿设施无法无限制地增加。随着 Airbnb 等共享住宿的介入，通过盘活已有的潜在住宿设施和空间，或将成为满足游客住宿需求的重要途径之一。

4. 会展活动效率有所下降

澳门旅游局公布的数据显示，2019 年前两个季度，澳门举办各类会议和展览活动 734 场，与上年同期相比增加 79 场。但参会人数与 2018 年同期持平，为 68.5 万人次。平均会期 / 展期为 1.5 天，比上年减少 0.1 天。在会议会展场次及会期 / 展期增多的情况下，参会人数却有所减少，受众减少在一定程度上表明会议展览活动举办的效率有所下降。

（三）台湾旅游发展现状及与大陆的交流状况

1. 大陆赴台旅游市场跌幅八九月明显，台湾入境旅游受到影响

2019 年 1~10 月台湾入境游客为 973.1 万人次，相比 2018 年同期增长 9.05%。大陆持续作为台湾入境旅游的第一大客源市场，占台湾入境旅游市场的比重为 25.8%，2019 年前 10 个月来自大陆的游客为 251.3 万人次，同比增长 11.43%，增幅较大，但 2019 年前 8 个月增幅为 27%，9 月与 10 月拉低增幅。可以看到中国大陆在 9 月份降至 11.6 万人次，同比减少 46.8%，10 月份降至 11.5 万人次。同期，日本作为第二大客源市场，其居民赴台旅游 172.6 万人次，出现进一步增长（+10.21%）。中国港澳地区和韩国居民赴台人数分别增加 5.71% 和 16.42%。东南亚客源市场在经历 2018 年 15% 的增长，于 2019 年前 10 个月增速放缓至 5.83%。台湾主要入境旅游市场规模情况（图 7-6）。

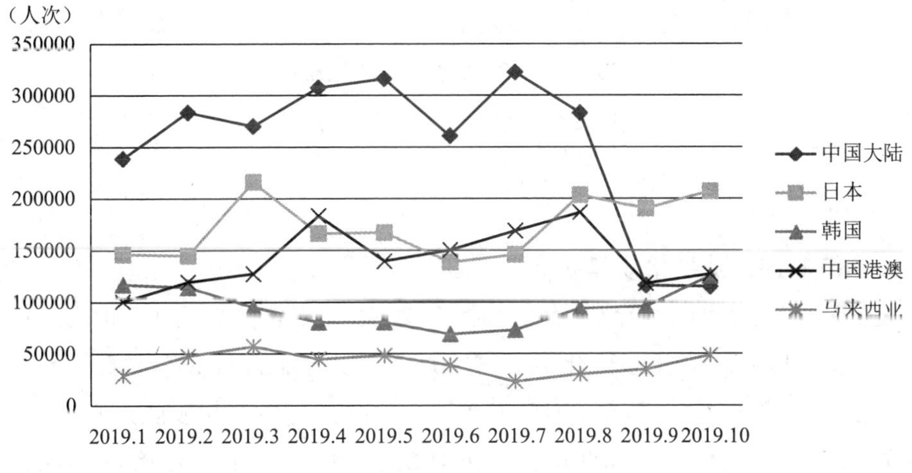

图 7-6　2019 年 1~10 月台湾主要客源市场访客人次数

数据来源：台湾观光局。

2. 台湾赴大陆旅游市场趋于下降

2019 年 1~10 月台湾赴大陆游客为 517.2 万人次，同比上升 0.4%，过夜旅游人数达 465.1 万人次，同比增长 0.2%，基本保持稳定。8 月赴大陆游客下跌 4.9%，为 51.8 万人次，可能原因是大陆从 8 月 1 日起暂停陆客赴台个人游申请。

对比2018年，2019年自3月份开始台湾赴大陆游客都比2018年少，但在9月和10月有所增加，基本与2018年水平一致（见图7-7）。

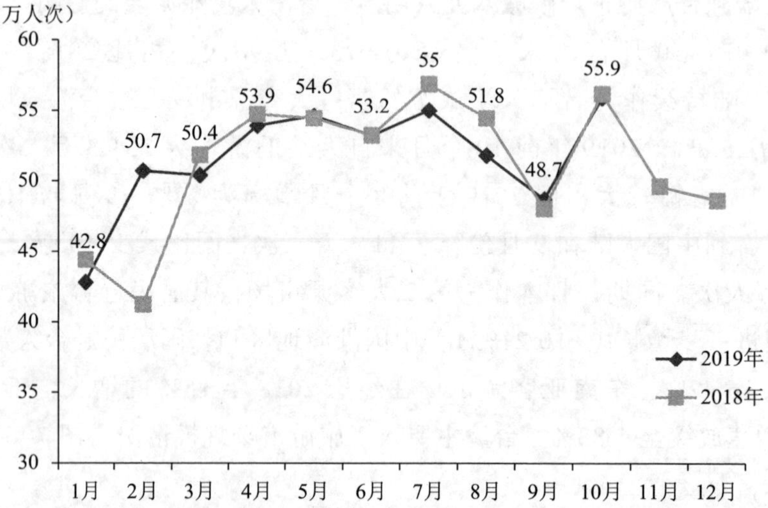

图7-7　2018年及2019年台湾赴大陆旅游人次数

数据来源：文化和旅游部数据中心。

3. 台湾旅游行业供给规模扩大

截至2019年9月，台湾共有旅行社3123家（不含分公司），相比上年同期增加60家。其中，综合旅行社141家（+5）、甲种旅行社2715家（+54）、乙种旅行社267家（-1）。截至2019年9月，台湾全岛导游与领队人数分别为4.6万人和7.6万人，比上年同期分别增加1923人和3444人。在旅行社企业及服务人员增加的同时，台湾住宿设施供给同样有所增加。截至2019年8月，台湾合法旅馆共计3387家，相比2018年年底增加33家，客房数为16.6万间，相比2018年年底增加2778间；合法民宿共9039家，相比2018年年底增加575家，民宿客房数近3.8万间，相比2018年年底增加2821间。

二、内地与港澳、大陆与台湾旅游交往的机遇

（一）粤港澳大湾区进一步加强内地与港澳的旅游交往及产业合作

2018 年 9 月高铁香港段开通，10 月港珠澳大桥正式通车，粤港澳大湾区日益完善的交通网络对内地与港澳旅游交往的促进作用在 2019 年上半年已经初步显现。未来即将建成的虎门二桥、中深通道等，连接深港、广佛和珠澳核心城市的快速路网也将形成。将进一步加强港澳与广东省的连接，真正促进三地互通互利，形成一小时生活圈。

2019 年粤港澳大湾区建设进一步落实，广东省出台推进粤港澳大湾区建设实施意见和三年行动计划，其中提到要优化提升空间发展格局方面 3 条，主要包括以香港、澳门、广州、深圳四大中心城市作为区域发展的核心引擎引领大湾区建设，发挥香港—深圳、广州—佛山、澳门—珠海强强联合的带动作用等内容。文化旅游交往是促进地区间交往的重要手段，未来粤港澳大湾区三地通行将更加便利，提高游客需求，促进粤港澳的旅游产业融合发展。此外粤港澳三地各具特色的旅游元素，香港主打现代国际都市，澳门以休闲娱乐为主要特色，广东具有丰富的自然资源。借助粤港澳大湾区打造“一程多站”旅游产品，三地旅游资源互补，丰富游客体验。

（二）“一带一路”倡议为港澳营造良好的国际旅游发展环境

“一带一路”沿线涉及 60 多个国家，44 亿人口，旅游人数占全球旅游总量的 70%，旅游潜力巨大。据有关预测，到 2020 年，我国与沿线国家双向旅游人数将超过 8500 万人次，旅游消费将达 1100 亿美元左右。2013 年至今，我国一直致力于推动建立中国—东盟、中国—中东欧、中俄蒙等一系列文化旅游合作机制，先后成立中国驻曼谷、布达佩斯、阿斯塔纳旅游办事处，指导完成巴黎、悉尼中国旅游体验中心建设，先后举办中国—中东欧、中国—东盟、中国—欧盟等 10 余个文化年、旅游年等。

2019 年是“一带一路”倡议提出六周年，旅游合作效应显著，“一路一带”沿线国家居民对中国越来越感兴趣，赴中国游客数量增加，也为港澳地区

旅游发展带来了较大的机遇。港澳在一定程度上成为连接内地与世界的中转站和体验地。港澳也在“一带一路”倡议下积极与沿线国家开展旅游合作。如“2019 一带一路国际旅游新商机论坛”暨“粤港澳大湾区城区明信片全球首发启动仪式”在中国香港举办。

（三）亚洲旅游促进计划助力港澳台旅游繁荣发展

习近平总书记在 2019 年 5 月 15 日亚洲文明对话大会的主旨演讲中提出，“激发人们的创新创造活力，最直接的方法莫过于走入不同文明，发现别人的优长启发自己的思维。中国愿同各国实施亚洲旅游促进计划，为促进亚洲经济发展，增进人民友谊贡献更大力量。”习近平总书记提到的亚洲人民的“三点期待”和对亚洲文明对话的“四点主张”，都体现了文化和旅游在构建亚洲命运共同体中具有不可替代的重要作用。

亚洲旅游促进计划说出了亚洲各国人民的心声，同时也必将进一步有力促进各国人民之间的往来，促进旅游发展。无论是香港、台湾、澳门，还是港澳台与内地（大陆）的交流与合作均应主动融入亚洲旅游发展责任担当中去。无论是民间交流、交往、便利的基础设施等方面的改善，还是旅行商、航空公司、酒店、景区、餐饮企业等都要参与进来，在助力区域旅游繁荣发展的过程中，要充分发挥市场主体的作用。同时，要充分利用粤港澳大湾区世界城市群发展战略，重视教育、科研、智库之间的交流，并加强科技特别是当代科技的应用，促进区域旅游发展的社会氛围，助力区域之间旅游交流与合作，真正将习近平总书记提出的“亚洲旅游促进计划”和文明对话的目标落到实处，扮演好港澳台发展的角色，为港澳台地区更加自由的旅游来往提供相应的制度保障。

三、内地与港澳、大陆与台湾旅游交往面临的挑战及建议

（一）香港改变现状，稳定民心重塑旅游业

近期香港风波破坏了社会秩序，严重损害了香港形象。不稳定的政治局面

导致访港旅行团及旅客量大跌，重创香港经济及旅游业。访港游客数量在经历 2015 年（-3.0%）和 2016 年（-6.7%）的负增长后，2017 年（3.9%）内地赴港旅游市场已出现持续反弹，2018 年（14.8%）的反弹迹象更加明显（见图 7-8）。但香港“反修例”示威游行给香港旅游业造成严重打击。2019 年 7~8 月旅游数字下跌 3~4 成，9~10 月跌幅加剧，10 月上半月的旅游数字大减一半。此外香港示威游行也对香港的形象和声誉产生了极为负面的影响，未来香港旅游业的恢复需要一定时间。

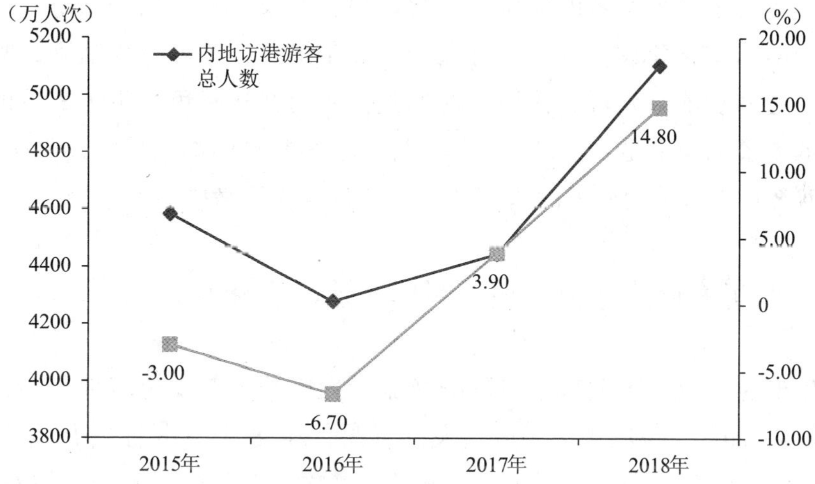

图 7-8　2015—2018 年内地访港游客数量变化情况

数据来源：香港旅游发展局。

在此背景下，香港政府需要稳定民心，恢复社会秩序，采取措施重塑旅游业，塑造安全友好的旅游形象。当前香港政府推出的一系列宽免措施，帮助旅游业度过寒冬，包括放宽对旅游议会拨款、旅行代理商年费豁免等。同时对入境游客进行 120 元港币的过夜补贴。香港应该意识到，粤港澳大湾区的政策背景下，两地旅游存在较大的机遇，应借助港珠澳大桥及广深港高速铁路带来的互联互通，促进内地赴港旅游。

（二）抓住粤港澳大湾区机遇，加强旅游产品的开发

澳门入境旅游近几年发展稳定，2017 年澳门入境旅游突破 3200 万人次，

得益于港珠澳大桥开通等因素，澳门旅游业整体表现理想，2018 年和 2019 年 1~8 月入境旅游也保持较高速增长。2019 年澳门回归 20 年等庆祝活动，也将延续增长态势。然而以“博彩业”为主要特色的澳门，也在一定程度上造成了人们的负面印象，限制了传统大众旅游的发展，特别是以家庭为单位的观光旅游。此外，游客前往澳门逗留时间较短，基本以观光旅游为主，旅游产品较为单一。

借助粤港澳大湾区的机遇，澳门应加强与内地的合作，尤其是与横琴国际旅游岛一起打造世界知名的休闲旅游目的地，开发一程多站的旅游产品。同时注重加强澳门文化建设，进一步打造美食之都形象，举办盛事活动，吸引不同类型的内地游客前来参观、体验。挖掘独具澳门文化特色和生活品位的景区景点，秉承“景观之上是生活的理念”，打造主客共享的高品质目的地生活空间，使内地游客得以自然而然地融入当地居民的日常生活当中。

（三）明确政治立场，加强两岸的旅游文化交往

近几年受台湾地区政治生态影响及旅游大巴着火等安全事件影响，大陆赴台湾旅游在 2016 年和 2017 年出现大幅下跌，2018 年基本与 2017 年持平（见图 7-9）。尽管 2018 年和 2019 年 1~8 月台湾旅游业总体呈现较好的发展态势，但是由于台湾政治生态的影响，两岸关系紧张。大陆自 2019 年 8 月 1 日暂停 47 个城市居民赴台个人游试点，给两岸旅游交流带来较大的不确定性。作为台湾入境的第一大客源地，大陆收紧政策必会重创台湾旅游业，在此情况下，台湾应该采取措施，释放善意，转变局面。

未来在政治互信方面，台湾方面还须坚定政治立场并向大陆游客释放善意，并加强旅游安全的管理，促进大陆赴台湾旅游市场的增长，助力大陆和台湾经济与文化交往的深化。在规划年度旅游主题活动时更要系统性地进行宣传策划，制定营销内容，基于大陆与台湾的文化共性，吸引大陆游客。

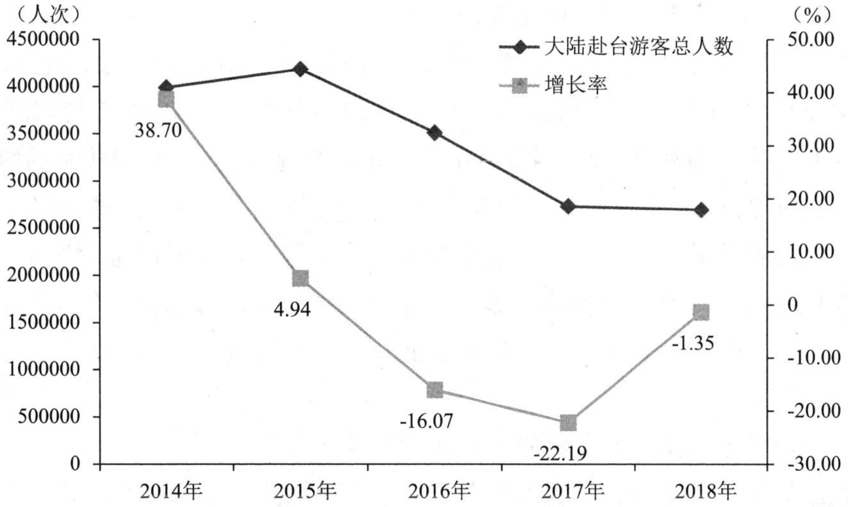

图 7-9 2014—2018 年大陆赴台游客数量变化情况

数据来源：台湾“交通部”观光局。

四、港澳台入境市场面临挑战和入境影响力提升建议

（一）港澳台入境市场面临挑战

1. 香港市场赴内地逗留时间较短，以广东为主要目的地

尽管香港赴内地游客人数较为可观，但多以探亲访友为目的，逗留时间较短。以 2019 年 6 月为例，香港同胞入境人数达 699.8 万人次，但过夜旅游人数仅有 254.1 万人次，近 2/3 的香港同胞当日往返。此外香港居民赴内地也主要集中在广东省内，除广东省的其他省份前往较少。

香港旅游市场还有较大的挖掘空间。据相关数据显示，2018 年，香港居民离境总人数达 9221 万人次，每人年均离境达 12.4 次。香港居民旅游目的地以海外国家居多，旅游消费水平高。内地为香港出境最大的目的地，还应加强对香港的旅游吸引力。

2. 澳门市场趋于稳定，增速放缓

澳门赴内地市场在近几年相对稳定，但增速不断下降。澳门赴内地旅游市场增速放缓与澳门出境旅游市场增速放缓直接相关。2018 年澳门出境旅游 2843.8 万人次，增速从 2017 年同期的 4.2% 降低至 2.5%。澳门居民随团出游人数增速也从 2017 年的 13.1% 到 2018 年的负增长（-6.1%）。澳门居民出行意愿不强，且澳门居民赴内地旅游也集中在珠海等地，逗留时间也较短。

鉴于澳门与内地一直保持着良好的合作关系，澳门赴内地游客数量达到一定饱和，并且随着粤港澳大湾区目的地的建设，可能迎来发展契机。

3. 台湾市场受政治生态影响，前往大陆意愿下降

受两岸政治生态的影响，两岸旅游交流发展受限。2019 年台湾赴大陆游客跌幅达到 4.35%，8 月赴大陆游客下跌 10.64%。文化和旅游部自 2019 年 8 月 1 日起暂停 47 个城市大陆居民赴台个人游试点，将对台湾旅游业造成一定影响。政治生态的不稳定影响两岸友好交流，随着大陆限制赴台个人游，台湾赴大陆意愿下降，人数也会受到影响，未来将会进一步下跌。

政治生态的问题存在，两岸旅游交流将会持续受阻。如继续保持这一态势，2020 年或难重拾增长。

（二）港澳台入境影响力提升建议

1. 利用香港高铁，丰富内地旅游产品

香港高铁开通后，香港赴内地游客数量明显增加。以往香港民众较多选择东南亚的短途旅行团，高铁开通后，前往汕头或潮汕以及广西等地的香港旅行团增加。旅游已经是香港民众生活的一部分，通往内地便捷的交通将进一步增加香港民众赴内地的旅游意愿。

借助港珠澳大桥及广深港高速铁路带来的互联互通，进一步提升香港居民赴内地旅游的便利度。2019 年西九龙站直达内地的站点增加，使得香港同胞前往内地旅游景点更加便利。内地站点拥有不少旅游胜地和国家级风景区，将吸引香港旅客前往或商务人士前去洽谈合作。内地应在旅游宣传和服务品质上下功夫，让香港游客充分了解内地景点的魅力，并让他们认识到即使去过多次的长三角、桂林山水等目的地依然有新内容、新玩法，以及到访尚未涉及的中西部目的地。同时，基于旅游安全、卫生检疫等要求，香港应与内地联合推出安全、联防联控机制，就如何保持旅游企业的现金流等主要诉求，加强与民航、工信、发改、财政、金融、商务等部门的协调，认真研究并适时发布具有行业特点的产业政策和行政举措。

2. 加大内地与澳门旅游合作力度，带动澳门经济

在粤港澳大湾区背景下，内地要加强与澳门旅游合作力度，帮助澳门经济转型升级，提高澳门居民的收入水平，从根本上促进澳门居民的出行意愿。同时加强两地文化交流，举办推广活动。在确保游客、员工生命安全和身体健康的前提下，本着"一地一策、一企一策"的差异化原则，澳门地区应加强与内地之间的合作，审慎稳妥地推进新冠状病毒疫情后的旅游机构复工复业，与内地特别是粤港澳大湾区内的各大中城市合作，适时推动线上线下旅游推广，实现线上宣传和线下打卡的有效转化，以此实现澳门旅游经济恢复与发展。

3. 台湾市场注重旅游文化宣传，打造多样化旅游产品

为了提高台湾入境影响力，应从政治、文化多方位入手，时刻关注台湾领导人选举问题，在坚持"一个中国"的前提下，加强旅游互通与合作。在大陆积极推进文化和旅游融合的当下，台湾与大陆文化一脉相连，很多具有中华文化的景点深受台湾游客的喜爱。中华文化自古包含着和平共处的基因，台湾同胞也是如此，骨子里带有爱好和平、热情好客的基因。大陆应加强在台旅游文化资源的宣传，与台湾旅行社进行合作。

加强大陆旅游的软硬件设施建设，不断丰富旅游的内容，并形成不同的主题旅游。加大高铁旅游市场的开发，并继续打造传统的长江三峡和丝绸之路旅游产品。三峡游程范围虽小，却可看尽历史精华。丝绸之路一路从河南经过陕西和甘肃等地到达新疆，近年来交通、食宿、景点都持续升级。避暑、游学和冰雪旅游产品是近几年增长较快的领域，应加大相关旅游产品建设，进一步吸引台湾游客。

第八章

世界旅游发展态势与国际旅游合作

2019 年全球旅游业继续保持连续增长，增速将回归历史增长态势。旅游业持续是世界经济和社会发展的支柱产业。中国为世界旅游发展贡献了强大的动能，通过区域战略、多双边合作继续推进国际旅游合作的深度和广度。伴随新冠疫情在全球的蔓延，2020 年全球旅游业发展形势不容乐观，过去十年的连续增长将被中断。在全球及中国旅游业恢复增长的未来，如何更好地利用先进技术，推动可持续旅游发展，将发展旅游业作为实现人类可持续发展目标的有效手段。

一、全球国际旅游增长形势不明朗

（一）2019 年全球旅游业回归历史增长趋势

在 2018 年过去的十年里，全球国际游客接待规模保持较高速增长，年均增速达 5.1%。虽然受全球金融危机的影响，2008 年的全球国际旅游人数增幅较往年大幅下滑，2009 年全球旅游业经历了 60 年以来最糟糕的一年，国际游客人数出现负增长，下降 3.9%，但很快在 2010 年便实现强势复苏，同年增速达 6.5%。2012 年全球国际游客接待规模突破 10 亿人次，2017 年全球国际游客人数达 13.2 亿人次，同比增长 6.8%，增速创 2010 年以来新高。在全球经济相对强劲的推动下，新兴经济体的中产阶级、技术进步、新业务模式、旅行费用降低和签证便利化等因素的促使下，根据 UNWTO 最新数据，2019 年，全球接待入境游客 15 亿人次，同比增长 4%，较上年 5.6% 的增速有所放缓，但与过去十年的平均增速 4.2% 相差不远。至此，全球旅游已实现连续十年的不间断增长。这一持续增长记录将再创 20 世纪 60 年代以来的新高（图 8–1）。

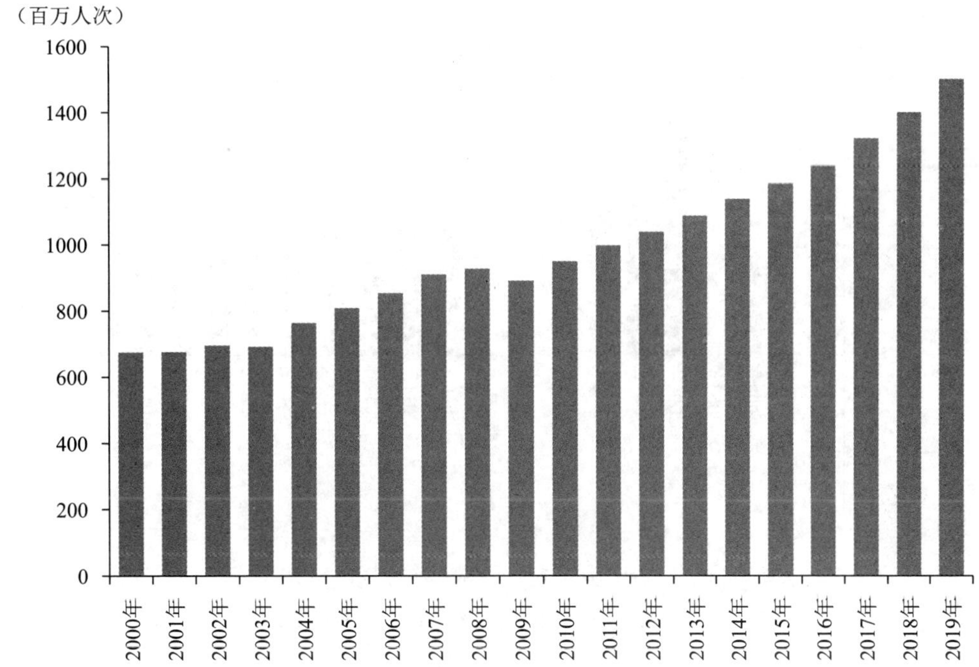

图 8-1 2000—2019 年全球入境旅游总人数

资料来源：联合国世界旅游组织（UNWTO）。

新型冠状病毒疫情为 2020 年全球入境旅游发展蒙上了一层阴影。在当前疫情发展形势依然不确定的形势下，我们可以借助 2003 年非典疫情对全球入境旅游的影响来部分地判断此次疫情可能带来的影响。2003 年，全球入境旅游接待人数下降 1.3%，但在随后几年出现反弹性增长。2004 年全球入境旅游接待人数增长达 10.5%，随后三年的增速也都在 6% 以上。考虑到这次疫情的传染程度和国际重视程度，本次疫情对全球入境旅游的冲击或将更大。伴随新冠疫情在全球的蔓延，2020 年全球旅游业将迎来寒冬，世界旅游组织已多次下调预期。最新预期结果表明，2020 年全球接待国际游客总人数将下降 58%~78%。亚太地区有望最先复苏。回顾历史，不管是流行病疫情，还是恐怖事件，或是其他自然及人为灾害，这些突发危机事件虽然会使旅游业短期内遭受重创，但随后国际旅游市场均能实现较快恢复。

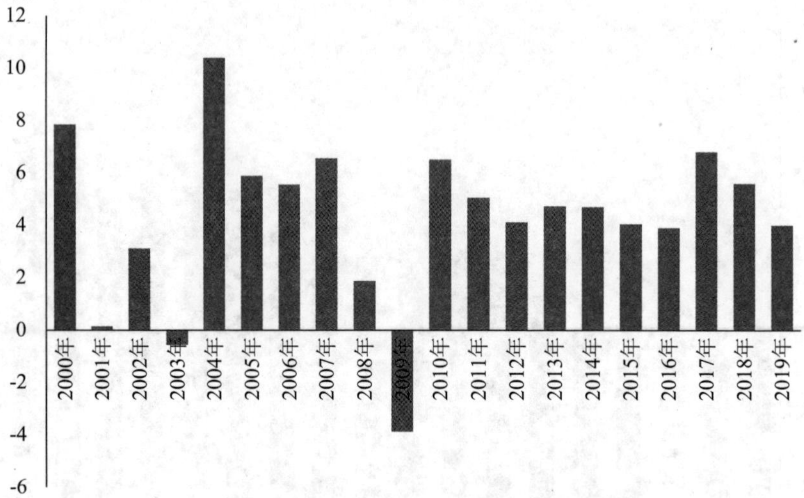

图 8-2　2000—2019 年全球入境旅游接待规模增长率

资料来源：联合国世界旅游组织（UNWTO）。

（二）亚太地区引领全球国际旅游增长

全球入境游客接待的洲际结构基本稳定，欧洲、亚太和美洲持续为全球最主要的国际旅游目的地。根据 UNWTO 的统计，2018 年，欧洲共接待国际游客 7.1 亿人次，占全球的比重高达 50.8%，亚太和美洲地区分别接待入境游客 3.4 亿人次和 2.2 亿人次，占全球的比重分别为 24.4% 和 15.5%。根据世界旅游组织最新发布的世界旅游晴雨表，2019 年 1~9 月，全球旅游目的地接待的国际到访游客人数增长了 4300 万，达 11 亿。2019 年前三季度全球国际到访旅客数量（过夜游客）同比增长 4%。各地区的增速并不均衡，中东地区增幅领先达到 9%，亚太和非洲地区增速各为 5%。而欧洲和美洲的游客增长相对较缓慢，分别为 3% 和 2%。

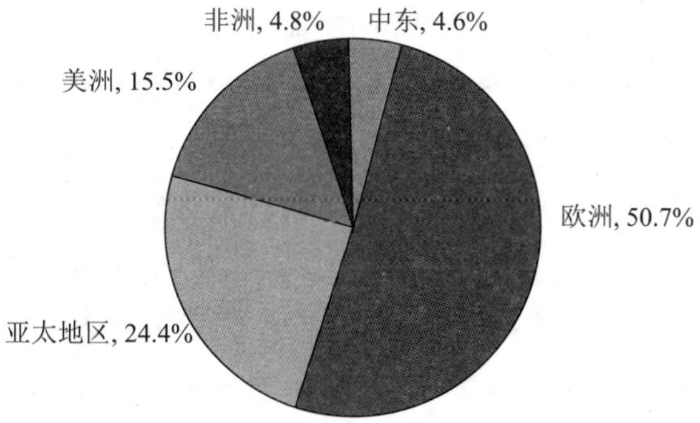

图 8-3　2018 年全球各区域接待的入境游客规模情况

资料来源：联合国世界旅游组织（UNWTO）。

表 8-1　2015 年至 2019 年 1~9 月世界各地区国际旅游接待量增长速度

地区	2015 年	2016 年	2017 年	2018 年	2019 年 1—9 月
全球	4.6%	3.8%	7.0%	5.6%	4%
欧洲	4.7%	2.4%	8.4%	6%	3%
亚太地区	5.4%	7.7%	5.6%	6.1%	5%
美洲	5.9%	3.7%	4.8%	2.9%	2%
非洲	–2.9%	7.8%	8.6%	7.3%	5%
中东	2.0%	–4.4%	4.6%	10.3%	9%

资料来源：2019 年 12 月世界旅游组织晴雨表。

二、旅游业持续助力世界经济发展

（一）旅游业是世界经济发展的重要支柱

根据 WTTC（世界旅游业理事会）发布的《2019 年全球旅游行业经济影响

报告》，2018 年，旅游业对全球经济的贡献达 8.8 万亿美元，相当于全球 GDP 的 10.4%。其中，旅游业的直接经济贡献为 2.8 万亿美元，占 GDP 的 3.2%。预计 2019 年旅游业对全球经济的贡献将增长 3.6%，达 9.1 万亿美元。发展旅游业已成为一国增加出口收入、减少贸易赤字的有效途径。2018 年，全球旅游服务出口规模再创历史新高，总计 1.6 万亿美元，占世界总出口的 6.5%。预计 2019 年全球旅游服务出口将增长 4%，达到 1.7 万亿美元。2018 年，旅游业的增速（3.9%）超过全球经济增速（3.2%）。在全球各行业中，旅游业（3.9%）是仅次于制造业（4.0%）增长最快的行业。

（二）旅游业是吸纳就业的关键领域

旅游业正在帮助数百万人改善生活，帮助个人并改变整个社区。根据 WTTC 的报告，2018 年旅游业直接雇佣人数超过 1.23 亿人，占全球就业总人数的 3.8%。如果将间接就业考虑在内，世界各地有 3.19 亿人的工作与旅游业相关，占所有就业人口的 10%。也就是说，全球每 10 个工作岗位中，就有 1 个来自旅游业。预计 2019 年，旅游业直接就业人数将超过 1.25 亿人（+2.2%），加上间接就业，这一数字将超过 3.28 亿人（+2.9%）。在过去 5 年里，旅游业贡献了全球 1/5 的新增就业数量。预测显示，未来 10 年，全球旅游业将新增 1 亿个就业岗位，将创造全球 1/4 的新增就业机会。

三、中国对全球旅游业增长贡献突出

（一）中国是全球国际旅游市场上重要的客源市场和目的地

中国持续快速增长的出境旅游需求是全球及亚太地区国际旅游增长的主要动力。随着中国公民的收入不断增加，航空交通及出境签证政策等更加便利，旅游产品和目的地的选择性不断增加，加之，中国出境游客的旅行经验更加丰富，中国出境旅游持续保持高速增长，自 2012 年起，中国一直是全球最大的出境旅游消费国（图 8-4）。2019 年，中国公民出境 1.69 亿人次，增长 4.5%。根据世界旅游组织报告，2019 年，亚太地区国际游客接待规模增长 5%，高于全球平均增长水平，也明显高于欧洲和北美另外两个主要的国际旅游目的地区域，这主要归功于中国的出境旅游需求的持续增长，为区域内国际旅游提供了稳定的客源和旅游消费。

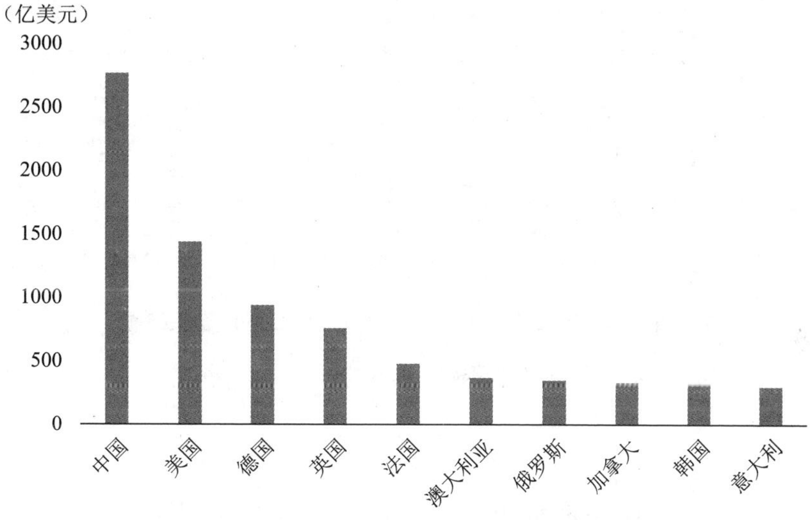

图 8-4　2018 年世界前十大国际旅游消费国出境花费情况

资料来源：世界旅游组织旅游亮点，2019 年版。

与此同时，中国也是全球重要的国际旅游目的地。2019 年入境游客 1.45 亿人次，增长 2.9%。其中，外国人 3188 万人次，增长 4.4%。预计 2019 年中国入境游客接待规模依然将排名在世界第 4 位，位于法国、西班牙和美国之后（图 8-5）。2018 年，中国的入境过夜游客接待量占亚太地区总量的 18.1%，相比 2017 年的 18.8% 略有降低，但依然是亚太地区入境过夜游客接待规模最大的目的地。2018 年，中国国际旅游收入占亚太地区国际旅游总收入的 9.3%，高于 2017 年的 8.4%，但低于泰国、澳大利亚和日本。世界旅游组织数据显示，2018 年，中国入境旅游收入达到 400 亿，排名从上年的第 12 位上升到第 10 位。

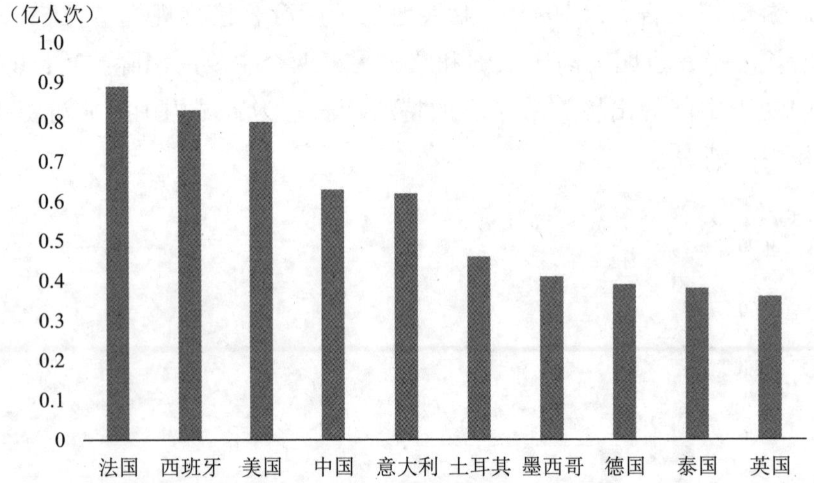

图 8-5　2018 年全球前十大国际游目的地游客接待量

资料来源：世界旅游组织旅游亮点，2019 年版。

（二）中国是全球旅游业增长的突出贡献者

中国旅游业（包括国内和入境旅游）对全球旅游业的增长具有突出贡献。根据 WTTC 的报告，2018 年，中国旅游业对本国经济的贡献达 1.5 万亿美元，同比增长达 7.3%，占本国 GDP 的 11%。旅游业综合就业人数达 7991 万，对就业的综合贡献达到 10.3%。2018 年，中国旅游业经济贡献值占全球总量的 35.2%，是仅次于美国的第二大旅游经济体。WTTC 预计，到 2029 年，中国有望成为世界上最大的旅游市场，这包括庞大的国内旅游市场、高速增长的出境旅游市场以及规模稳步扩大的入境旅游市场。

根据 WTTC 的报告，世界上超过 50% 的人口居住在城市，到 2050 年这一数字将增长到 68%，旅游城市的崛起之势将持续下去。中国还是旅游城市发展的引领者，且有望在接下来的十年中保持城市旅游高速增长。其研究还表明，全球发展最快的 10 个城市中，有 5 个来自中国，分别为：重庆、成都、上海、广州和深圳。此外，十大最大的旅游城市中有 6 个城市位于亚洲，其中上海和北京进入前三名。

四、继续深化国际旅游合作，彰显大国担当与风范

（一）“一带一路”倡议助推沿线国家旅游发展

出境旅游高速增长的中国正在为“一带一路”沿线国家输送大规模的游客。据携程旅游网的统计，2018 年，有超过 3000 万中国游客赴“一带一路”国家旅游。“一带一路”沿线国家已成为中国游客的第一大海外旅游目的地区域。通过携程预订“一带一路”国家相关旅游产品的人数同比上升高达 63%。“一带一路”沿线地带拥有大量文化遗存，发展旅游的资源禀赋优越。伴随中国公民对“一带一路”国家熟悉度的提升，加上航线增多、签证政策的便利化及“一带一路”对华的积极推广，中国赴“一带一路”国家的旅游市场前景广阔。

“一带一路”旅游合作将促进沿线国家及地区的经济社会发展。在“一带一路”倡议合作框架下，随着共商、共建的逐步推进，中国与“一带一路”沿线国家在物资、人员、信息、金融等方面的合作进一步加强。“一带一路”合作大大促进当地基础设施建设提升，为更好地服务于中国游客提供了基础设施保障。伴随中国游客的大量到访，当地旅游业得到进一步发展，进而带动当地人民的收入和就业。

以签证便利化为代表的“互联互通”政策也将吸引更多“一带一路”国家公民来华旅游。2018 年中国对阿联酋、波黑、白俄罗斯和卡塔尔四国持普通护照的公民实施入境免签，中国与亚美尼亚于 2019 年 5 月 26 日签署了互免持普通护照人员签证的协定。这将为开拓“一带一路”沿线的新兴客源市场在政策上提供的可进入性的保障，促进双、多边交流。

（二）亚洲旅游发展计划将促进我国与“近邻”深化旅游交往

2019 年 5 月，习近平总书记在亚洲文明对话大会主旨演讲中宣布，“中国愿同各国实施亚洲旅游促进计划，为促进亚洲经济发展、增进亚洲人民友谊贡献更大力量”。在已有良好的市场基础上，这一计划的实施将进一步促进中国与亚洲地区之间的双向交流。亚洲旅游促进计划的亚洲拥有全球 1/3 的国土面积、2/3 的人口、32 万亿经济总量、550 项文化遗产和近 250 项非物质文化遗产，旅游

资源丰富，市场潜力巨大。中国与亚洲各国各地区互为重要的旅游客源地和目的地。2018年，不考虑中国港澳台地区，中国与亚洲国家双向的旅游交流规模近7000万人次，其中，亚洲赴中国的游客人数为1973万人次；中国赴亚洲国家的游客规模为4997万人次。中国与亚洲国家双向的旅游交流均保持较高速增长，近15年来，亚洲赴中国的过夜旅游市场规模年均增速为7.2%，中国赴亚洲国家的过夜旅游市场规模年均增速则高达13.2%。

亚洲旅游发展计划是促进中国与"近邻"和平、友好交往的润滑剂。"远亲不如近邻，邻居是搬不走的"。中日韩、中蒙俄、上合组织、中国—东盟等多边合作框架和旅游部长会议，以及中国与印度、韩国、老挝、柬埔寨等亚洲国家的双边旅游年活动，已经取得了明显成效，也积累了相应的经验。亚洲日益密切的旅游交往合作促使各国更积极地收集和研究彼此的法律、政策和规划，这在相当程度上增进了彼此的认知和了解，为理性、善意的沟通合作创造了条件。相比政要、专业技术人员、留学生等形式的民众交往，旅游交往以其规模大、频率高、门槛低、涉及人员面广等特点具有难以比拟的优势，为"民心相通"提供了广泛的民众基础。通过民众在亚洲地区内的游历，可以更加客观、真实地感知当地的政治、经济及文化价值观上的差异，消除误解或偏见，有利于培养求同存异的态度，增进对彼此的理解和包容。

未来，继续推进亚洲旅游发展计划既需要国家层面的顶层设计，也需要地方政府、市场主体及科研机构的积极参与。在既有双、多边政府合作平台和业界交流机制中导入亚洲旅游促进计划的内容。充分利用旅游部长会议、文化部长会议等现有机制基础，积极推动在上海合作组织、中国—东盟"10+1"、亚太经合组织、亚欧会议、亚洲合作对话、亚信会议、大湄公河次区域等机制框架下的亚洲多边旅游合作。重点在旅游便利化、基础设施建设、财政和金融支持、安全保障、旅游市场秩序整治、项目合作、联合产品开发和市场促销等方面加强沟通。在地方国际旅游合作方面，用好友好省州、友好城市等地方对外交往平台，鼓励并指导其植入旅游内容，在我国主导的欢乐春节、美丽中国等推广活动和国家层面的工作会议中，纳入地方政府的力量。适时引进宽领域、多层面的对话机制，为亚洲更多的企业家、投资者、运营商等市场主体搭建平台，为其密切广泛的交流提供便利。为吸引更多市场主体的参与，探讨将更多高端国际平台纳入企业家对话机制的可能性，促使亚洲各国旅行商、航空公司、酒店集团、文化创意、餐饮、商场商店等商业机构广泛地参与其间。在旅游人才交流及科学研究方面，推动亚洲更多的大专院校、科研机构和专业智库参与到亚洲旅游促进计划中来，为战略谋划和项目实施提供智力支持，在旅游数据交换、旅游研发、人才培养等方面发挥积极作用。

（三）系列旅游年活动继续扩大国际旅游合作“朋友圈”

在习近平主席的倡导和推动下，中国政府和旅游业界努力践行的“人类命运共同体”“一带一路”“共建共商共享”等新时期全球治理理念，逐渐成为世界共识。2019 年，中国—太平洋岛国、中国—新西兰旅游年成功举办，“海内存知己，天涯若比邻”，虽然太平岛国和新西兰距离中国遥远，但依然阻止不了双方人民互来互往的旅游需求。在旅游年活动框架下，更多以促进旅游便利化为导向的双边和多边协议的签署将进一步促进这种双边交流，不断扩大中国国际旅游合作的“朋友圈”。

“中国—太平洋岛国旅游年”旨在扩大双边交流，为中国和太平洋岛国人民带来更多福祉。2018 年 11 月 16 日，习近平主席同太平洋岛国领导人集体会晤时提出“办好 2019‘中国—太平洋岛国旅游年系列活动’”。2019 年 4 月 1 日，习近平主席在向“中国—太平洋岛国旅游年”开幕式致贺词时强调，“举办 2019‘中国—太平洋岛国旅游年系列活动’是我和太平洋岛国领导人在巴布亚新几内亚会晤期间达成的重要共识。希望双方以此为契机，扩大文化交流和人员往来，促进务实合作，加深相互了解，夯实双方全面战略伙伴关系民意基础，为中国人民和太平洋岛国人民带来更多福祉”。当天晚上，萨摩亚旅游局特别在阿皮亚港举办了一场长达 10 多分钟的烟花表演，中国煤矿文工团的艺术家们和萨摩亚赴华留学生联袂呈现了一场精彩的文艺演出。

南太平洋旅游组织在“中太旅游年”的基础上启动了名为“中太旅游发展 2020~2024”的倡议，将致力于进一步密切双方从政府到民间在旅游领域的联系，为中国和太平洋岛国人民带来更多福祉。

“中新旅游年”将为双方深化旅游合作、促进当地经济发展、加强人文交流提供新的契机。“中国—新西兰旅游年”开幕式于 2019 年 3 月 30 日在惠灵顿新西兰国家博物馆隆重举行。中国的发展将为新西兰带来更多机遇，为两国旅游合作提供更广阔的空间。新西兰是 21 世纪海上丝绸之路的自然延伸。2017 年李克强总理访新期间，双方签署了“一带一路”合作文件。中新开展“一带一路”合作，不仅将有助于提升新西兰的旅游基础设施建设，也将进一步巩固新西兰作为中国游客理想旅游目的地的优势，吸引更多的中国游客。2018年，中新两国人民往来规模接近60万人次，中国继续成为新西兰第二大海外旅游市场。新西兰旅游局的数据显示，截至2019年8月，过去一年中，有超过41.7万人次的中国游客访问新西兰，且中国游客的人均度假消费在新西兰海外游客中排第一。新西兰商业、创新与就业部的数据显示，预计到2025年，中国游客数量将增长至69.6万人次，占新西兰游客市场的15%。

五、未来旅游业发展：增长与可持续发展并重

（一）世界旅游组织：旅游竞争力提升与可持续发展齐头并进

世界旅游组织（UNWTO）发布的《2019年国际旅游热点》发现，旅游业可持续发展和竞争力是相辅相成的，旅游目的地和企业可以通过有效利用资源、促进生物多样性保护和采取行动应对气候变化等一系列促进旅游可持续发展的措施来增强竞争力，获得企业竞争优势。可持续性是接受调查的101个世界旅游组织成员国旅游政策的重要组成部分。

基于此，2019年旅游产品消费的趋势也向着可持续方向发展。首先体现在旅行方式的改变，旅行者更加追求真实和改变，期望像当地人一样生活，享受慢节奏的深入体验旅游。出于不同的目的和心理，人们热衷于在网络上公开展示自己的旅行生活，在Instagram上通过文字、图片和视频等多种形式，分享自己的旅行时间、目的地和经历，这种分享也将促进可持续旅游消费理念的传播。当代人更追求健康生活，不仅在饮食上，旅游同样如此，这促使徒步旅行、康养旅游和体育旅游成为热点。

旅游业应持续提高可持续发展意识，倡导零塑料，减少旅游垃圾的产生，并采取一系列的行动应对全球气候变化。以可持续的方式管理旅游业，各国旅游部门及旅游企业需要关注旅游价值增长，而不仅仅是旅游规模的增长。数字化、创造性等技术和社会变革持续塑造着旅游业，促使旅游目的地和企业公司适应市场并保持竞争力，将可持续发展举措转变为自身竞争力的同时，将旅游

业本身作为一种手段实现人类可持续发展的目标。

（二）世界旅游业理事会：移动支付潜力无限，但需各国共同谋划推进

移动支付帮助提升旅游服务效率及用户体验，促进全球旅游业增长。越来越多的旅行者正在使用移动设备来支付与旅行相关的服务，并且越来越多的服务提供商正在实施移动支付选项，以帮助旅行者为他们使用的旅行产品和服务付费。在进行预订时，移动支付的刷卡到预订动作简化了支付过程，尤其是通过支付技术完成了提取用户数据、旅行档案和账单信息的技术要求。对于旅行和旅游服务提供商而言，移动支付得益于低廉的手续费，而且更重要的是，该功能可以在整个旅程中与旅行者随时保持联系，从而使公司有机会建立客户参与度并推动更高水平的业务增长。

亚洲及中国游客移动支付需求呼声高，中国成为旅行移动支付引领者。亚洲是全球重要的客源市场。WTTC 数据显示，南亚和东南亚是全球出境旅行增长最快的地区，到 2028 年的 10 年中，每年的预测增长率分别为 5.8% 和 5.1%。特别是，中国的出境旅游消费继续保持世界第一。同时，随着智能手机普及率的提高和全球移动支付的普及，亚太地区，尤其是中国，已经成为明确的市场领导者。2017 年，中国智能手机用户的移动支付渗透率达到 46%，是北美的两倍，比全球渗透率高 13%。在中国和其他少数几个国家或地区，移动支付正逐渐成为默认的支付方式。实际上，全球所有移动支付用户中有 60% 以上是中国人，支付宝和微信支付在海外移动旅行支付市场中占据主导地位。

为了吸引亚洲消费者，国际旅行服务提供商发现采用移动支付作为吸引和更好地为旅行者提供服务的战略变得至关重要。与旅行有关的商人越早进入移动支付领域，就越有可能在竞争亚洲市场中获得有利地位。

尽管移动支付增长迅速，但也面临着支付安全性、既定法规和政策不完善、支付系统互联性差、市场认知不足等问题，需要私营部门共同努力，向政府、监管机构、公众和商人提供教育，使其不仅了解移动支付的价值，而且了解其潜在的风险和问题。要促进移动支付在全球旅行与旅游中更广泛的应用，需要各国、地区的政府及旅行服务商积极参与，提供互联各种不同移动支付系统的解决方案，建立最适合国际旅行者的标准化的全球移动支付平台和操作系统。

（三）世界经济论坛：应兼顾基础设施改善和可持续管理，中国旅游竞争力继续提升

世界经济论坛发布《2019 年旅游业竞争力报告》，报告的主题是“临界点上的旅行和旅游”，该报告的结果证明了旅游业的健康发展及全球竞争力需要提高必要基础设施的改善，同时增强可持续旅游管理实践。在旅游发展的过程中，需要增强行业竞争力，同时也需要保护好行业所依赖的自然和文化旅游资产。

旅行与旅游业的竞争力在全球范围内不断提高，并且使该行业的连接性仍处在上升的道路上。在贸易紧张局势和民族主义加剧的全球背景下，航空运输、数字连接和国际开放度正在不断发展和提升。航空运输基础设施的改善表明，航线运力和在各个国家（地区）提供服务的航空公司数量均显著增加。国际开放度正在提升，低收入经济体处于领先地位。越来越多的个人使用互联网和移动互联网订阅来支持数字连接，这意味着现在更多的经济体可以利用不断增长的数字旅行优势。以价格竞争力为例，自 2017 年以来，旅行在很大程度上变得更便宜，也更安全。

在全球旅游业竞争力排行榜上，中国排名上升 2 位至第 13 位。中国的文化资源和自然景观排名全球继续保持领先。其他优势还包括酒店价格较低、旅游税少，有助于降低在中国旅游的成本。另外，前往中国旅游的航空运力充足。由于全球最长的铁路网络，在中国各地旅行的交通便捷度非常高。不过，国际开放度、旅游服务设施和环境可持续性的排名较低，分别列第 76、第 86 和第 120 位。其中，签证便利化、区域旅游设施以及空气质量等有待进一步提升和完善。

（四）理性看待新冠肺炎疫情影响，安全和健康成为未来主题

新型冠状病毒疫情为 2020 年全球入境旅游发展蒙上了一层阴影。为此，包括世界旅游组织及世界旅行与旅游理事会等国际旅游组织针对此次疫情做出回应。世界旅游组织和世界卫生组织（WHO）2020 年 2 月 26 日发表联合声明重申，基于当前可获得的信息，世卫组织未曾推荐采取任何旅行或贸易限制，应理性应对此次疫情可能带来的影响，采取符合世卫组织的普遍性指南和建议，旅行限制可能对国际交通造成不必要的干扰，包括对旅游业造成负面影响。

WTTC 同样发声表示，反对对于疫情的过度反应。

考虑到这次疫情的传染程度和国际重视程度，这次疫情对全球入境旅游的冲击或将更大。但回顾历史，不管是流行病疫情，恐怖事件，还是其他自然及人为灾害，这些突发危机事件虽然使旅游业短期内遭受重创，但随后国际旅游市场均能实现较快恢复。当代人更追求健康生活，新冠疫情会强化这种趋势，并促使徒步旅行、康养旅游和体育旅游成为热点。未来旅游业发展应考虑增长与可持续发展并重，健康和安全成为关注重点。

责任编辑：谯 洁
责任印制：冯冬青
封面设计：中文天地

图书在版编目（CIP）数据

2019年中国旅游经济运行分析与2020年发展预测 / 中国旅游研究院编 . -- 北京 : 中国旅游出版社, 2020.4
ISBN 978-7-5032-6438-2

Ⅰ. ①2… Ⅱ. ①中… Ⅲ. ①旅游经济－经济分析－中国－2019 ②旅游经济－经济预测－中国－2020 Ⅳ. ①F592.3

中国版本图书馆CIP数据核字（2020）第016832号

书　　名：2019年中国旅游经济运行分析与2020年发展预测

作　　者：中国旅游研究院　编
出版发行：中国旅游出版社
（北京建国门内大街甲9号　邮编：100005）
http://www.cttp.net.cn　E-mail:cttp@mct.gov.cn
营销中心电话：010-57377109，010-85166536
排　　版：北京旅教文化传播有限公司
经　　销：全国各地新华书店
印　　刷：北京明恒达印务有限公司
版　　次：2020年4月第1版　2020年4月第1次印刷
开　　本：787毫米×1092毫米　1/16
印　　张：8.25
字　　数：150千
定　　价：48.00元
ISBN　978-7-5032-6438-2

版权所有　翻印必究
如发现质量问题，请直接与营销中心联系调换